Schriften des Vereins für Sozialpolitik
Gesellschaft für
Wirtschafts- und Sozialwissenschaften
Neue Folge Band 1

SCHRIFTEN
DES VEREINS FÜR SOZIALPOLITIK

Gesellschaft für Wirtschafts- und Sozialwissenschaften

Neue Folge Band 1

Verhandlungen auf der Tagung der Volks- und Betriebswirte

in Marburg/Lahn
15. und 16. September 1948

Herausgegeben von
Prof. Dr. **Gerhard Albrecht** und Dr. **Helmut Arndt**

VERLAG VON DUNCKER & HUMBLOT
BERLIN UND MÜNCHEN 1949

Verhandlungen auf der Tagung
der Volks- und Betriebswirte in Marburg/L. 1948

Volkswirtschaftliche Probleme des deutschen Außenhandels

Bericht über die erste
Mitglieder-Versammlung des Vereins

Berufsausbildung und Berufsaussichten
der Wirtschaftswissenschaftler

VERLAG VON DUNCKER & HUMBLOT
BERLIN UND MÜNCHEN 1949

Alle Rechte vorbehalten

Eukerdruck KG., Marburg/Lahn

Inhaltsverzeichnis

	Seite
Vorwort	7

Erster Tag

Eröffnung und Begrüßung	11
Ansprache von **Adolf Weber**	17
Referat von **Fritz W. Meyer**:	
Volkswirtschaftliche Probleme des deutschen Außenhandels	25
Aussprache	46

Zweiter Tag

Mitgliederversammlung	
Konstituierung des Vereins für Sozialpolitik - Gesellschaft für Wirtschafts- und Sozialwissenschaften	83
Referat von **Hermann Ellinghaus**:	
Berufsausbildung und Berufsaussichten der Wirtschaftswissenschaftler	86
Abschluß der Tagung	101

Anhang

I. Zur Vorgeschichte der Gründung des „Vereins für Sozialpolitik – Gesellschaft für Wirtschafts- und Sozialwissenschaften"	
Die Rothenburger Tagung der Volkswirte 1947	105
Ansprache von **Otto von Zwiedineck-Südenhorst**	110
Fortsetzung des Berichtes von der Rothenburger Tagung	118
II. Sanierung der deutschen Wirtschaft. Grundsätze eines wirtschaftspolitischen Sofortprogrammes	125
III. Liste der Teilnehmer an der Abendsitzung des 27. September 1947 in Rothenburg ob der Tauber	133
IV. Satzung des Vereins für Sozialpolitik – Gesellschaft für Wirtschafts- und Sozialwissenschaften	134

Die lange, stolze Reihe der Schriften des Vereins für Sozialpolitik, der ein 1873 erschienener Bericht über die Verhandlungen der „Eisenacher Versammlung zur Besprechung der sozialen Frage" am 6. und 7. Oktober 1872 vorangegangen war, hatte im Jahre 1939 mit dem 188. Bande ihren Abschluß gefunden. Er enthält die „Geschichte des Vereins für Sozialpolitik" von *Franz Boese,* der ein Vierteljahrhundert in hingebender Treue des Schriftführeramtes des Vereins gewaltet hatte. Sie hatte durch die in der Mitgliederversammlung vom 25. April 1936 in Berlin beschlossene und in einer letzten Vereinszusammenkunft daselbst am 19. Dezember bestätigte und hiernach vollzogene Auflösung des Vereins für Sozialpolitik den Charakter einer Abschieds- und Erinnerungsschrift erhalten.

Fast genau 75 Jahre nach der Eisenacher Zusammenkunft, dem „Vorspiel für die Entstehung einer durch viele Jahrzehnte dauernden Organisation" (Boese, S. 6), gegen Ende September 1947, wurde auf der ersten Zusammenkunft der volks- und betriebswirtschaftlichen Hochschullehrer nach dem für das deutsche Schicksal so verhängnisvollen zweiten Weltkrieg in Rothenburg ob der Tauber die Neugründung des Vereins für Sozialpolitik beschlossen und dann auf der ersten Mitgliederversammlung in Marburg/Lahn am 16. September 1948 unter dem Namen „Verein für Sozialpolitik — Gesellschaft für Wirtschafts- und Sozialwissenschaften" vollzogen.

Daß die wieder erstandene fachwissenschaftliche Vereinigung der Vertreter und Freunde der Wirtschaftswissenschaften die Tradition des alten Vereins für Sozialpolitik aufzunehmen und fortzuführen gesonnen ist, kommt in der Wahl ihres Namens zum Ausdruck, der als Doppelname freilich zugleich darauf hindeutet, daß, wie schon längst in den späteren Entwicklungsjahren des alten Vereins, ihr Aufgaben- und Arbeitsgebiet weit über den Rahmen der Ziele, die den Begründern zu Beginn der 70er Jahre vorgeschwebt hatten, hinausgreift. Ihre Daseinsberechtigung und Lebensfähigkeit wird die neue Gesellschaft durch den Willen und die Bereitschaft ihrer Mitglieder zu fruchtbarer Zusammenarbeit im Dienste der Wissenschaft und damit zugleich der sozialen und wirtschaftlichen Gestaltung in einer durch die geschichtlichen Ereignisse der jüngsten Epoche so von Grund auf veränderten Welt zu erweisen haben.

Wie die Schriftenreihe des alten Vereins für Sozialpolitik vor der Herausgabe der Vereinsgeschichte mit dem Verhandlungsbericht über die letzte Tagung des Vereins vor seiner durch die politischen Verhältnisse bedingten Auflösung in Dresden 1932 abschloß, so enthält die erste Veröffentlichung des neuen Vereins, für deren verlegerische Betreuung dem alten Verlage des Vereins für Sozialpolitik aufrichtigst gedankt sei, den Verhandlungsbericht über seine erste Tagung. Möge sie den an den wirtschaftlichen Problemen einer schicksalsschweren Zeit interessierten Kreisen den Beweis liefern, daß es das ernste Bestreben der Fachwissenschaft ist, zu ihrer Klärung in sachlicher, von politischen Leidenschaften ebenso wie von irgendwelchen einseitigen Gruppeninteressen freier Erörterung beizutragen und dadurch an ihrer vernünftigen und gerechten Lösung mitzuwirken.

Marburg/Lahn, im November 1948.

G. ALBRECHT

Erster Tag

Erster Tag

Mittwoch, den 15. September 1948

Eröffnung und Begrüßung.

Vorsitzender Professor Dr. ALBRECHT (Marburg/Lahn):

Kraft des Auftrages, der mir vor einem Jahr auf der ersten Tagung der volkswirtschaftlichen Hochschullehrer nach dem Kriege in Rothenburg[1]) erteilt wurde, habe ich die Ehre, unsere heutige Tagung zu eröffnen.

Obwohl bereits in Rothenburg die Neubegründung einer wissenschaftlichen Vereinigung unseres Faches beschlossen wurde und inzwischen auch die Gründungsformalitäten ihre Erledigung gefunden haben, ist die Einladung zu diesem ersten Tag unserer Zusammenkunft aus guten Gründen noch nicht von Vereins wegen erfolgt. Die endgültige Konstituierung unserer Vereinigung kann erst mit der Beschlußfassung über ihre Satzung als vollzogen angesehen werden. Sie wird die Aufgabe des zweiten Tages unserer Zusammenkunft sein.

Allen unseren verehrten Gästen danke ich für das Interesse, das sie durch ihr Erscheinen für unsere Tagung bekundet haben, und begrüße sie aufs herzlichste. Wir haben volles Verständnis dafür, daß die von uns eingeladenen Leiter derjenigen Verwaltungsstellen und Landesministerien, denen die praktisch-politische Bearbeitung der uns fachwissenschaftlich bewegenden Fragen obliegt, leider nicht zugegen sein können. Sie sind in diesen bewegten Tagen durch ständige Verhandlungen und Entscheidungen in Anspruch genommen. Ganz besonders bedauern wir, daß unser verehrter Fachkollege, der Direktor der bizonalen Verwaltung für Wirtschaft, Minister a. D. Professor Dr. *Erhard,* durch wichtige Pflichten trotz seines immer wieder bekundeten Interesses an unseren Bestrebungen heute nicht unter uns weilen kann. Um so mehr freue ich mich, als seinen Vertreter den Kollegen Dr. *Miksch* begrüßen zu können, der seit Rothenburg immer tatkräftig an dem Zustandekommen dieser Tagung und unserer morgen aus der Taufe zu hebenden Vereinigung mitgearbeitet hat.

---

[1]) Siehe Anhang, I.

Ich habe ferner die Ehre, als Vertreter des Herrn Wirtschaftsministers des Landes Hessen Herrn Regierungsrat Dr. *Wilhelmi*, als Vertreter des Herrn Präsidenten der Bank deutscher Länder Herrn Dr. *Sietkes*, einen alten und bewährten Freund unseres Kreises, zu begrüßen und ihnen für das Interesse, das sie durch ihr Erscheinen an unserer Tagung bewiesen haben, zu danken.
Eine angenehme Pflicht ist es mir, Herrn Bürgermeister *Gaßmann* als Vertreter der örtlichen Verwaltung zu begrüßen. Der Stadt Marburg und ihren Leitern sind wir zu aufrichtigem Dank dafür verpflichtet, daß sie uns freundliche Aufnahme an einem so schönen Ort, der vielen Tagungsteilnehmern wie eine Oase in der Wüste der Städtezertrümmerungen anmuten wird, gewährt und uns die Durchführung dieser Tagung mit ihrem Rat und durch die Tat erleichtert haben. Mein Gruß gilt auch der Presse, die in der Person des Herrn Dr. *Meves* hier vertreten ist. Seine Magnifizenz, der Herr Rektor der Marburger Philippsuniversität, Professor Dr. *Frick,* ist durch Krankheit verhindert, uns in diesem von ihm freundlichst für unsere Tagung zur Verfügung gestellen Raum selbst zu begrüßen. Er hat mich beauftragt, Ihnen allen seine besten Grüße und aufrichtige Wünsche für den Verlauf der Tagung zu übermitteln. Dagegen darf ich den Herrn Dekan unserer Marburger Rechts- und Staatswissenschaftlichen Fakultät, Spektabilis Professor Dr. *Müller-Freienfels,* herzlich als unseren Gast begrüßen.
Als Vertreter der Wirtschaftspolitischen Gesellschaft von 1947, zu der wir als der wissenschaftliche Bruderverband recht freundschaftliche Beziehungen herzustellen und zu bewahren wünschen, begrüße ich Herrn *Dethlefsen*. Ich habe ferner die Freude, die Vorstandsmitglieder der nach Marburg verschlagenen Abteilung der früheren deutschen Zentralgenossenschaftskasse, die Herren Dr. *Noell* und Dr. *Faust,* herzlich zu begrüßen.
Eine ganze Reihe von Kollegen, die gerne unter uns weilten, aber durch die verschiedensten Abhaltungen daran gehindert sind, haben mich gebeten, ihren Grüßen und Wünschen Ausdruck zu verleihen. Der verehrte Senior unseres Faches, Geheimrat *von Zwiedineck-Südenhorst,* dessen Fernbleiben aus gesundheitlichen Gründen wir um so mehr bedauern müssen, als er unter denen, die die Bedeutung des Zusammentrittes der wirtschaftlichen Hochschullehrer zu gemeinsamen Aussprachen und Arbeiten nach der langen Unterbrechung unserer Zusammenkünfte in den letzten Jahren erkannt und sich tatkräftig für das Zustandekommen ihrer Vereinigung eingesetzt haben, an erster Stelle steht, hat soeben telegraphiert: „Glück auf zu neuem Forschen und neuem Kämpfen" und mit diesen anspornenden Worten ganz gewiß allen anwesenden und den leider dieser Tagung fernge-

bliebenen Kollegen aus dem Herzen gesprochen. Auch die Schweizer Kollegen, die wir durch die freundliche Vermittlung der Militärregierung zu uns geladen haben, die Herren *Amonn, Böhler, Röpke, Salin* und *Wagner,* haben ihre freundliche Anteilnahme an dieser Tagung mit dem Bedauern, ihr fernbleiben zu müssen, und mit der wohltuenden Versicherung ihrer inneren Verbundenheit mit den deutschen Fachkollegen in herzlichen Worten zum Ausdruck gebracht, für die ihnen aufrichtiger Dank gesagt sei.
Zuletzt gilt mein herzlicher Willkommensgruß allen anwesenden Kolleginnen und Kollegen, unter ihnen aber ganz besonders denen, die aus der russischen Besatzungszone, aus Berlin zu uns gekommen sind, Zeugen jener ernsten und alle Deutschen mit Sorgen erfüllenden Vorgänge, deren Ausgang für Deutschlands Zukunft von entscheidender Bedeutung sein wird. Ich bin sicher, sie werden von hier die Gewißheit mit nach Hause nehmen, daß wir, denen es vergönnt ist, in der allgemeinen Not weniger zu leiden als sie, uns innerlich aufs tiefste mit ihnen und allen deutschen Brüdern und Schwestern jenseits der Elbe verbunden fühlen.
Obwohl die Älteren unter uns sich sehr deutlich bewußt sind, daß auch in unseren Reihen überall dort, wo es um Handeln und Wirken geht, die jüngere Generation an die Front gehört, darf ich doch um die Erlaubnis bitten, den bewährten Veteranen unseres Faches, die heute unter uns weilen, den Kollegen *Christian Eckert, Wilhelm Gerloff, Albert Hesse, Julius August Fritz Schmidt* und *Adolf Weber,* ein besonderes Willkommen zuzurufen. Wir wissen, was wir ihrer unermüdlichen Arbeit zu verdanken haben und wollen es auch hier bekennen.
Zu ganz besonderem Dank bin ich Herrn Kollegen Geheimrat *Weber* verpflichtet, der auf meine Bitte die große Freundlichkeit hatte, die Verhandlungsleitung heute zu übernehmen und dadurch unserer Aussprache über Deutschlands künftige Stellung in der Weltwirtschaft erhöhtes Gewicht zu verleihen. Ebenso danke ich Herrn Kollegen Dr. *Meyer* für die freundliche Bereitschaft, mit der er sich als Vertreter der jungen Generation als Referent für unseren ersten Verhandlungstag zur Verfügung gestellt hat.
Verehrte Kolleginnen und Kollegen! Am 9. Februar dieses Jahres verstarb unser Kollege *Adolf Lampe* nach langem, immer tapfer ertragenem Leiden. Er gehörte zu denen, die nach dem Zusammenbruch an der Wiederbelebung unseres fachlichen Zusammenschlusses den stärksten Anteil gehabt haben. In seiner Hand hatte die Vorbereitung der Währungsdiskussion in Rothenburg gelegen, und hier hat er der Verhandlung über die Wege und Methoden der deutschen Wirtschaftssanierung den Stempel seiner willensstarken Persönlichkeit

aufgedrückt. Mit ihm ist viel zu früh ein hoch befähigter und immer vorwärtsdrängender Kollege, ein lauterer und menschlich wertvoller Kämpfer für die Wahrheit von uns gegangen. Er ist eines verehrungsvollen und freundschaftlichen Gedenkens in unseren Reihen sicher.

Meine Damen und Herren! Im Mittelpunkte der Rothenburger Tagung im vorigen Jahre hatte als das damals brennendste Problem der deutschen Wirtschaft die Währungsfrage gestanden. Nach recht temperamentvollen Auseinandersetzungen ist es damals gelungen, die bei allen Meinungsverschiedenheiten doch oder gerade deshalb sehr fruchtbare Aussprache in der Abfassung eines Memorandums[2]) über die Sanierung der deutschen Wirtschaft auszuwerten, das von 48 Kollegen unterzeichnet wurde. Wir können heute feststellen, daß die wirtschaftspolitischen Maßnahmen dieses Sommers, ganz besonders diejenigen, die der Währungsbereinigung gefolgt sind und eine grundlegende Wendung des Gesamtkurses der deutschen Wirtschaftsführung eingeleitet haben, im wesentlichen den Grundgedanken jenes Memorandums entsprechen. Wie vor einem Jahre bildet auch auf der gegenwärtigen Tagung unser Verhandlungsthema d i e Frage, die, wie damals die ungelöste Währungsfrage, heute das brennendste, bisher im Zuge der wirtschaftlichen Neuorientierung ungelöst gebliebene Problem darstellt, dessen, und zwar möglichst unverzügliche Lösung nach meiner Auffassung von vitaler, ja entscheidender Bedeutung für den endgültigen Erfolg der in Angriff genommenen deutschen Wiederaufbaupolitik ist, das außenwirtschaftliche Problem. Ich gebe dem Wunsche Ausdruck, daß unsere Bemühungen um seine Klärung auf unserer Tagung dieser den Stempel einer für unsere Wirtschaft und damit für unser Vaterland nützlichen und erfolgreichen Veranstaltung aufprägen mögen.

Dr. MIKSCH (Frankfurt), Vertreter der Bizonalen Verwaltung für Wirtschaft:

Meine Damen und Herren!

Es ist nicht meine Absicht, Ihnen irgendein Referat zu halten, aber da Herr Professor Dr. *Albrecht* mich als Vertreter der Verwaltung für Wirtschaft angesprochen hat, möchte ich Ihnen einige Worte sagen. Sie haben ja alle beobachtet, was sich in den letzten Monaten abgespielt hat. Wir haben versucht, eine völlig neue wirtschaftspolitische Linie einzuschlagen. Ich glaube, man kann sagen, daß es im großen und ganzen ein außerordentlicher Erfolg gewesen ist, ein Er-

---
[2]) Siehe Anhang, II.

folg, der um so größer erscheint, wenn man ihn mit den Prognosen vergleicht, die vor der Umstellung zu hören waren. Daß trotzdem keine rechte Zufriedenheit eingetreten ist, liegt daran, daß die Zeichen der Not nun in ihrer vollen Schärfe in Erscheinung treten. Es ist selbstverständlich, daß der Lebensstandard ein sehr tiefer sein muß und daß die Löhne entweder niedriger oder die Preise sehr viel höher sein müssen als vor dem Kriege. Das ändert aber nichts daran, daß der eigentliche Effekt erzielt worden ist: eine Steigerung der Kaufkraft und Steigerung der Lebenskräfte gerade bei der arbeitenden Bevölkerung und infolgedessen auch eine wesentliche Steigerung der Arbeitsleistung und Produktion. Auch auf sozialem Gebiet hat die Reform einen günstigen Erfolg gehabt. Die sozialen Ungerechtigkeiten, die vor der Währungsreform bestanden, waren ganz unglaublich. Der Besitzer der Ware hatte alles, während der von der Ware Abgeschnittene nichts hatte. Wir hofften, daß durch die Gesundung des Geldes die Verteilung sozial gerechter werden würde. Das ist auch eingetreten. Was wir allerdings nicht berücksichtigt haben, ist, daß die soziale Ungerechtigkeit vor der Währungsreform nicht sichtbar war. Heute ist die Ungleichheit wieder sichtbar. Darüber erregt man sich, während man den viel schlimmeren Zustand früher widerstandslos hinnahm. Dazu kommt, daß die Preissteigerung seit der Reform bei weitem überschätzt wird. Die Preise sind schon seit 1938 ununterbrochen gestiegen, und die Steigerung vor der Reform verhält sich zu der, die seitdem eingetreten ist, wie 8:2. Das wird bewiesen durch die Normalpreise, die wir veröffentlichen, die keine Höchstpreise sind, sondern die nur sagen, was heute ein Schuh usw. kosten darf. Sie zeigen, daß die angenommenen Preise gar nicht so weit von den effektiven Preisen der Gegenwart entfernt sind, woraus hervorgeht, daß das gegenwärtige Preisniveau keineswegs so überhöht ist, wie vielfach behauptet wird. Das eigentliche Problem der ganzen Sache ist ein anderes. Wir waren uns von vornherein darüber im klaren, daß der Versuch einer marktwirtschaftlichen Umstellung auf große Schwierigkeiten stoßen würde, weil keine ausreichende Elastizität vorhanden war, vor allem nicht im Außenhandel. Aber wir müssen dazu beitragen, die Voraussetzungen selbst zu schaffen. Es war 1945 ein schwerer Fehler, abzuwarten und erst die Voraussetzungen für eine Währungsreform schaffen zu wollen, und es wäre der gleiche Fehler, heute zu warten, bis der Außenhandel frei ist. Wir müssen versuchen, vorgreifend selbst den Zustand herbeizuführen, den wir wünschen. Und dabei bin ich bei dem Problem, über das Herr Dr. *Meyer* referieren wird. Wenn die Frage der Rohstoffimporte gelöst ist, so werden sich auch die Probleme der Preisbildung leichter lösen lassen.

Bürgermeister GASSMANN (Marburg), Vertreter der Stadt Marburg:

Meine sehr verehrten Damen und Herren!

Ich habe die große Ehre, Ihnen aus Anlaß der heute beginnenden Tagung die Grüße des Magistrats zu übermitteln, Sie in den Mauern der Universitätsstadt Marburg willkommen zu heißen und Ihrer Veranstaltung einen guten Verlauf zu wünschen. Marburg ist eine Stadt — was besonders der auswärtige Besucher, der aus einer bombenzerstörten Gegend kommt, als seltene Wohltat empfindet —, die voller landschaftlicher Reize und Schönheiten steckt und gerade als Tagungsort einen besonders würdigen äußeren Rahmen abgibt. Marburg bildet einen kulturellen Mittelpunkt im Lande Hessen, von dem reges geistiges Leben nach allen Seiten hin ausstrahlt. Marburg hat aber auch eine andere Seite, die dem Außenstehenden kaum ins Auge fällt. Dadurch, daß unsere Stadt von äußeren Kriegsereignissen nahezu verschont geblieben ist, hat sich ein ungeheurer Strom von Evakuierten und Flüchtlingen hierher ergossen, der es mit sich brachte, daß unsere Bevölkerung um mehr als 60 Proz. gegenüber 1939 angestiegen ist. Und darin liegt auch die Ursache begründet, daß sich hinter den unzerstört gebliebenen Häusermauern ein ungeheures Maß von sozialem Elend verbirgt. Marburg, bisher ohne nennenswerte Industrie, ist heute die Stadt Hessens mit der relativ größten Arbeitslosigkeit und mit dem höchsten Prozentsatz an Wohlfahrtsunterstützungsempfängern. Allein die Zahl der hilfsbedürftigen Arbeitsunfähigen beläuft sich auf über 8 Proz. der gesamten Bevölkerung und ist in Auswirkung der Währungsreform noch weiter im Ansteigen begriffen. Diese knappen Andeutungen, verehrte Anwesende, mögen dazu dienen, um deutlich zu machen, welche schwere soziale Hypothek auf der landschaftlich so herrlich gelegenen Stadt Marburg lastet, eine Tatsache, die zum Zwecke der Abrundung des Gesamtbildes in einem Kreise wie dem Ihrigen nicht unerwähnt bleiben kann. Ich darf meine kurzen Grußworte beenden mit dem Wunsche, daß Sie neben Ihrer Tagungsarbeit auch etliche Stunden der Erholung und Entspannung finden, die so angenehm verlaufen mögen, daß noch vor Ihrer Abreise in Ihnen der Entschluß reift, so bald und so oft wie möglich unser schönes und zu jeder Gastfreundschaft bereites Marburg durch weitere Besuche beehren zu wollen.

Professor Dr. *Albrecht* (Marburg/Lahn):

Ich danke den Herren Vorrednern für die freundlichen Worte, die sie zur Begrüßung an uns gerichtet haben, und bitte nunmehr Herrn Geheimrat *Weber,* die Verhandlungsleitung zu übernehmen.

Geheimrat Professor Dr. ADOLF WEBER (München), das Präsidium übernehmend:

Meine Damen und Herren! Zunächst möchte ich in unserer aller Namen unserem verehrten Herrn Kollegen *Albrecht* recht herzlich dafür danken, daß er nun zum zweiten Male unter schwierigen äußeren Umständen die Vorbereitungen für eine Tagung übernommen hat, die den Grundstein legen soll für den organisierten Aufbau unserer Zusammenarbeit.
Wenn ich dem Wunsche, einige Bemerkungen zu unseren Verhandlungen vorauszuschicken, folge, so möchte ich zunächst Ihre Aufmerksamkeit auf eine Tagung lenken, die vor genau 24 Jahren in Stuttgart den Verein für Sozialpolitik und die Vereinigung wirtschaftswissenschaftlicher Hochschullehrer zusammenführte. Das Thema der Verhandlung war damals das gleiche wie heute, und wie heute hatten wir auch damals das Gefühl, mit genauer Not einer wirtschaftlichen Katastrophe entronnen zu sein, die die Folge der Geldunordnung war. Damals, im September 1924, waren wir allerdings schon etwas weiter als heute. Es war nicht nur die neue Reichsmark endgültig stabilisiert, sondern sie war auch im internationalen Zahlungsverkehr mit dem Dollar und dem Pfund Sterling auf gleiche Stufe gestellt worden. Das hatten wir nicht irgendwelchen Paragraphen, auch nicht der Rentenmark, die nur ein vorläufiges Brett über den Sumpf war, zu verdanken, sondern einer folgerichtigen rücksichtslos durchgeführten Kredit- und Finanzpolitik. Wir haben es vergessen, daß im Dezember 1923 die Gehälter in den oberen Stufen auf ein Viertel und diejenigen in den mittleren Gehaltsstufen auf ein Drittel der Friedenssätze heruntergesetzt wurden, daß in der ersten Hälfte des Jahres 1924 der Zins am offenen Geldmarkt auf 100 Proz. und mehr anstieg und daß im Kontokorrentverkehr 80 Proz. Zinsen gezahlt werden mußten. Wenn wir nun auch in der zweiten Hälfte des Jahres 1924 eine wirkliche Geldordnung erreichten, so war es doch selbstverständlich, daß unser Wirtschaftsleben noch die größten Schwierigkeiten zu überwinden hatte. Durch den Ausverkauf und dadurch, daß wir in der technischen Entwicklung hinter dem Ausland als Folge der Inflation zurückgeblieben waren, hatte unsere Wirtschaft große Mühe, sich der Auslandskonkurrenz zu erwehren. Dennoch haben wir damals in Stuttgart mit einer fast an Einstimmigkeit heranreichenden Mehrheit eine Resolution angenommen, die sich für wirtschaftliche Solidarität und für Eingliederung der deutschen Volkswirtschaft in die internationale Arbeitsteilung unter Verzicht auf Protektionismus aussprach. Wir hielten das damals für so wichtig, daß wir zum ersten Male in der Geschichte unserer Organisation

und bisher das einzige Mal eine diesbezügliche Resolution faßten und der Öffentlichkeit unterbreiteten. Als Leiter der Verhandlungen und als Vorsitzender der Vereinigung wirtschaftswissenschaftlicher Hochschullehrer erhielt ich den Auftrag, diese Entschließung auch denjenigen Kollegen vorzulegen, die an unseren Verhandlungen nicht teilgenommen hatten. Insgesamt bekannten sich mehr als 90 Proz. der wirtschaftswissenschaftlichen Lehrer an den deutschen Hochschulen zu der Stuttgarter Resolution. Zwei Jahre danach wurde derselbe Gedanke auf der Tagung des Vereins für Sozialpolitik in Wien erneut unterstrichen, *Bernhard Harms* schloß unter allgemeiner Zustimmung sein Referat, indem er der Hoffnung Ausdruck gab, die Zeit, die vor uns liege, möge eine Epoche der wiedererwachenden weltwirtschaftlichen Vernunft sein. Kurze Zeit später, im Oktober 1926, veröffentlichten europäische Wirtschaftsführer eine gemeinsame Erklärung, in der es hieß: „Keine Erholung kann eintreten, bis die Politiker in allen Ländern, in den alten und in den neuen, sich darüber klar geworden sind, daß Handel kein Krieg ist, sondern ein Austauschprozeß, daß in Zeiten des Friedens unsere Nachbarn unsere Kunden sind und daß ihr Wohlstand eine Vorbedingung für unser eigenes Wohlergehen ist."
Wir hofften, daß die politischen Parteien und die Staatsmänner, die aus den politischen Parteien hervorzugehen pflegen, auf diese Mahnungen hören würden. Aber wir hofften vergeblich. Es wurde faktisch von den Siegerstaaten der Krieg mit anderen Mitteln fortgesetzt. In den Vereinigten Staaten blieb man bei einer Isolierungspolitik, man glaubte sich leisten zu können, Gläubigerland mit Schuldnerlandmentalität zu sein. Großbritannien hatte vergessen, daß es Anker geworfen hatte vor Europa, es glaubte, in einem Weltreich, das sich auf seine überseeischen Einflußgebiete stützte, sein Zukunftsheil erblicken zu können. Frankreich war stolz darauf, daß es als Musterland der Autarkie galt und daß es zuerst die Einfuhrkontingentierung als handelspolitische Abwehrmaßnahme eingeführt hatte. Sowjetrußland hielt auch in der Zeit des Nep-Systems am Außenhandelsmonopol fest, es hat in der ganzen Zeit zwischen den beiden Weltkriegen im Durchschnitt der einzelnen Jahre nicht einmal die Quote am Welthandel erreicht, die sich das kleine Dänemark zu sichern vermochte. Was das weltwirtschaftlich bedeutet, wird klar, wenn man weiß, daß Rußland in der zaristischen Zeit soviel Getreide exportierte wie USA, Argentinien und Kanada zusammengenommen. Eine Prophezeihung, die *Schmoller* im Jahre 1900 ausgesprochen hatte, schien Wirklichkeit geworden zu sein, es würden sich riesenhafte Reiche bilden, „die mit ihrer expansiven Kraft alle anderen Staaten herabdrücken, ja sie vernichten, wirtschaftlich einschnüren, ihnen das Lebenslicht aus-

Ansprache Geheimrat Professor Dr. Adolf Weber (München)

zublasen drohen". In der Abkehr von der weltwirtschaftlichen Arbeitsteilung der Siegerstaaten nach 1918 liegt ein Hauptgrund, vielleicht d e r Hauptgrund für das Furchtbare, das wir und die ganze Welt in dem letzten halben Menschenalter durchzumachen hatten. Aus der Gesamteinstellung erklärt sich auch die durch und durch mißglückte Reparationspolitik. Ich glaube, daß der *Wilhelm Röpke* vom Jahre 1931 der Wahrheit viel näher gekommen ist, wenn er damals meinte, die Reparationen seien „in wirtschaftlicher und politischer Hinsicht Dynamit", als der *Röpke* vom Jahre 1946, der Lord *Keynes* vorwarf, am zweiten Weltkrieg mit schuld zu tragen, weil er nach 1918 für Mäßigung hinsichtlich der Reparationslasten eingetreten sei. Wir haben jedenfalls allen Anlaß, *Keynes* auch dafür zu danken, daß er frühzeitig unbefangen die weltwirtschaftlichen Zusammenhänge richtig sah und für Deutschland Verständnis zeigte, als das, unmittelbar nach dem ersten Weltkrieg, Mut erforderte. Leider hatten auch maßgebende deutsche Wirtschaftspolitiker den Sinn unserer Kundgebungen von Stuttgart und Wien nicht begriffen. Insbesondere auch nicht Hjalmar Schacht. Er hat sich ohne Zweifel dadurch große Verdienste erworben, daß unter seiner Führung das deutsche Volk seine Währung stabilisierte, und zwar aus eigener Kraft; der D a w e s plan trat erst Ende 1924 in Kraft. In der Folgezeit hat er dann aber die eigene Kraft der deutschen Wirtschaft überschätzt, die Abhängigkeit vom Ausland und die Notwendigkeit ausländischer Kredithilfe unterschätzt. Die Folge war, daß sich bei ihm eine Art Idiosynkrasie gegen Devisen einstellte, daß er mehr Devisen transferierte, als nach dem Wortlaut und dem Sinne des Dawesplanes nötig war, und schließlich einen blindwütigen Kampf gegen langfristige Kredite führte. Soweit sich dieser Kampf gegen unzweckmäßige Verwendung der Auslandskredite und dagegen richtete, daß derartige Kredite ohne genügend sorgfältige kaufmännische Kalkulation von öffentlichen Körperschaften an öffentliche Körperschaften bewilligt wurden, ist gegen sein Verhalten nichts einzuwenden. Aber bedenklich war, daß er sich gegen die langfristigen Kredite als solche wandte mit der Folge, daß nun um so mehr kurzfristige Kredite nach Deutschland flossen, das angesichts seiner großen Kapitalarmut hohe Zinsen bewilligen mußte und dem unter dem Druck der Umstände kaum etwas übrig blieb, als die kurzfristigen Kredite langfristig zu investieren, was sich um so verhängnisvoller auswirken mußte, als die Banken nicht für genügende valutarische Reserven gesorgt hatten. Die deutsche Volkswirtschaftslehre hat auf die mit dieser Geld- und Kreditpolitik verbundenen Gefahren rechtzeitig und mit größtem Nachdruck aufmerksam gemacht. Sie schwieg auch nicht, als die welt- und volkswirtschaftlichen Fehler nach Ausbruch der

Weltwirtschaftskrisis durch deflationistische Maßnahmen korrigiert werden sollten. Als nach dem Zusammenbruch der Danatbank Reichskanzler *Brüning* eine Konferenz von Sachverständigen einberief, um die zu ergreifenden Maßnahmen zu klären, legten wir diesen Sachverständigen ein Memorandum vor, in dem auf das Bedenkliche der erzwungenen Preis- und Zinssenkungen hingewiesen wurde. Gleichzeitig machten wir aber auch darauf aufmerksam, daß die 40 proz. im Notenbankgesetz vorgesehene Gold- und Devisendeckung bei der gegebenen Sachlage jeden Sinn verloren habe. Einige Zeit später hat man eingesehen, daß wir mit unseren Einwänden recht hatten, aber es war zu spät. Die nationalsozialistischen Demagogen machten sich die Folgen der begangenen wirtschaftspolitischen Fehler zunutze.
Rein wirtschaftspolitisch war es nach der „Machtübernahme" ein Glück, daß Hitler nicht nur nichts von wirtschaftlichen Dingen verstand, sondern daß er es auch selbst wußte und ebensowenig von Gottfried Feder erwartete, der vordem tonangebend für wirtschaftspolitische Fragen im nationalsozialistischen Lager war. Die Führung der Wirtschaftspolitik wurde zunächst wirklichen Sachkennern überlassen; außer *Schacht* Männern wie *Posse, Popitz, Trendelenburg, Gördeler*. Offenbar waren die ersten programmatischen Erklärungen Hitlers bemüht, einer relativen wirtschaftspolitischen Vernunft den Weg zu bahnen. Der Marktpreispolitik und der privaten Initiative wurde das Wort gegeben, die Autarkiebestrebungen wurden im Gegensatz zu dem, was kurz vordem Feder verkündet hatte, mit aller Bestimmtheit abgelehnt. Freilich ließen sich die vor 1933 gemachten Fehler nicht im Handumdrehen beseitigen, das gilt insbesondere von der Devisenpolitik. Dazu kam, daß sich die Wirtschaftspolitik von der nationalsozialistischen Weltanschauung nicht abtrennen ließ. Wir hatten als Wissenschaftler die Pflicht, dem gefährlichen Unsinn, den die Nationalsozialisten ihre Weltanschauung nannten, insbesondere dem Rassenwahn und Zäsarenwahn mit aller Entschiedenheit entgegenzutreten und dies nicht nur hinter verschlossenen Türen und in streng vertraulichen Denkschriften; aber wir wären uns als Wissenschaftler untreu geworden, wenn wir uns zu einer These bekannt hätten, die einzelne unserer emigrierten Kollegen vertraten und die *Frieda Wunderlich* so formulierte: „Der Nationalsozialismus kann nicht nach den Auffassungen einer zivilisierten Welt des Westens untersucht werden, er ist mit einem objektiven leidenschaftslosen Urteil unvereinbar." Die hier geforderte Schwarz-Weiß-Malerei würde auch rein politisch das Gegenteil von Klugheit gewesen sein.
Die relative wirtschaftliche Vernunft, die sich für ein paar Jahre nach der Machtübernahme durchsetzte, hielt nicht lange an. Als in Nürnberg der „Parteitag der Freiheit" die wahren außenpolitischen

Ziele des Nationalsozialismus enthüllte, mußte es uns klar sein, daß an die Stelle der Wirtschaft eine Verwirtschaftung trat, die mit den Grundsätzen einer Marktpreisbildung unvereinbar war. Trotz der damit verbundenen Schwierigkeit und Gefahr haben wir mit Kritik nicht zurückgehalten; ich glaube sagen zu dürfen, daß wir eher als die ausländischen Fachvertreter die besonderen Gefahren der verdeckten Inflation erkannt haben und aus unserer theoretischen Erkenntnis praktische Schlußfolgerungen zu ziehen bemüht waren. An die Stelle der Spirale einer gesteigerten Umlaufsgeschwindigkeit des Geldes, wie sie für die offene Inflation charakteristisch ist, setzt sich bei der verdeckten Inflation, je länger je mehr, die Spirale einer zunehmenden Arbeitsunlust und verminderter Ergiebigkeit des Arbeitsprozesses durch. In einer autoritär geführten Wirtschaft kann das bis zu einem gewissen Grade wettgemacht werden durch rücksichtslosen Arbeitszwang. Nach dem Zusammenbruch fehlte dieser Lückenbüßer, er mußte ersetzt werden durch die Milliarden-Almosen des Auslandes, die aber die Katastrophe nur hinausschieben, nicht zu verhindern in der Lage waren.

Auf der Grundlage von vorbereitenden Arbeiten, die während des Krieges durchgeführt wurden, hat bereits im Mai und Juni 1945 ein kleiner Kreis von wirtschaftswissenschaftlichen Hochschullehrern, unterstützt von einigen Praktikern, zwei Gesetzentwürfe über die Neuordnung des Geldwesens und über den Lastenausgleich ausgearbeitet. Wir hielten die Gefahren, die von der Geldunordnung ausgingen, für so groß, daß wir glaubten, es müsse unverzüglich Remedur geschaffen werden. Bereits Anfang Juli haben wir unsere Gesetzentwürfe mit einer ausführlichen Begründung im Frankfurter Hauptquartier des Generals *Eisenhower* überreicht. Wir haben nicht einmal eine Antwort erhalten. Damals wunderten wir uns darüber, da wir annahmen, daß die Mitarbeit deutscher Sachkundiger an dem Wiederaufbau unserer Volkswirtschaft schon im Interesse der Wiedergutmachung dringend erwünscht sei. Heute wissen wir, daß der Morgenthauplan, der einmal in der Geschichte der wirtschaftspolitischen Wahnideen einen hervorragenden Platz einnehmen wird, selbst Männer wie Präsident *Roosevelt* und General *Eisenhower* entscheidend beeinflußte. Dem Tribunal in Nürnberg wurde aus Anlaß der Prozesse um die Wilhelmstraße die Photokopie eines von *Morgenthau* verfaßten Memorandums vorgelegt, das *Roosevelt* als Unterlage für die historisch so bedeutsamen Verhandlungen in Quebec benutzte. In diesem Memorandum wird hinsichtlich des Ruhrgebiets, das auch Rheinland und das gesamte Gebiet nördlich des Kaiser-Wilhelm-Kanals umfassen sollte, folgendes wörtlich verlangt: „Binnen einer kurzen Frist, möglichst sechs Monate nach Beendigung der

Feindseligkeiten, sind sämtliche Industriewerke nebst Einrichtungen vollständig zu demontieren und zur Wiedergutmachung nach den alliierten Nationen zu schaffen. Aus den Bergwerken sind sämtliche Einrichtungen zu entfernen und die Schächte zu schließen." Wenn man dieses Programm wirklich durchgeführt hätte, wäre heute Deutschland und Europa dem Untergang preisgegeben, und die Vereinigten Staaten ständen im hoffnungslosen Kampf gegen den Kommunismus, den man nicht mit schönen Worten und Konferenzen bekämpfen kann, sondern nur dadurch, daß man es auf wirtschaftspolitischem Gebiete besser macht als etwa Sowjet-Rußland.
Nur allmählich machten sich die maßgebenden Staatsmänner von den unheilvollen *Morgenthau*schen Gedanken frei. Im Laufe des Jahres 1946 wurden sachkundige Amerikaner, darunter unser ehemaliger Kollege Gerhard *Colm,* nach Deutschland geschickt, um die Neuordnung des Geldwesens in die Wege zu leiten, sie nahmen mit uns Fühlung, und in eingehenden Aussprachen konnten wir feststellen, daß hinsichtlich der theoretischen Fundamentierung der Reformpläne weitgehende Übereinstimmung bestand. Auch darin waren wir einig, daß die Neuordnung des Geldwesens so rasch wie möglich herbeigeführt werden müsse. Dennoch geschah im Jahre 1946 und auch im Jahre 1947 nichts im Sinne der gemachten Vorschläge. Man ließ sich Zeit bis zum Juni 1948. Es ist eher zu niedrig als zu hoch geschätzt, wenn man annimmt, daß als damnum emergens und als lucrum cessans der deutschen Volkswirtschaft durch die unnötige Hinausschiebung der Geldordnung ein Schaden von mindestens 10 Milliarden Dollar entstand, das ist das Doppelte dessen, das nach dem M a r s h a l l plan insgesamt Westeuropa zur Verfügung gestellt werden soll.
Als wir dann den Wortlaut der Anordnung kennenlernten, durch die die Siegerstaaten die Verantwortung für die allzu späte Neuordnung des Geldwesens übernommen haben, konnten wir zwar feststellen, daß die Grundgedanken unseres Vorschlages vom Sommer 1945 angenommen worden waren, daß aber die praktische Ausgestaltung so erhebliche Mängel aufwies, daß es sich nur um eine oberflächliche Kopie der deutschen Vorschläge handelte. Wir waren der Meinung, daß von vorneherein auch sozialpolitische Gesichtspunkte berücksichtigt werden könnten und müßten, wir glaubten ferner, daß angesichts unserer erschreckenden Kapitalarmut der Sparwille sorgsam berücksichtigt werden müsse, wir waren weiter der Ansicht, daß es angesichts der knappen Gütervorräte schon eine hohe Leistung sein würde, wenn zunächst lediglich die laufenden Geldeinkommen in den Güterumlauf eingeordnet werden könnten, daß man infolgedessen eine auf jeden Fall bescheidene Quote des alten Geldes erst aus-

schütten dürfe, wenn man mit Sicherheit würde annehmen können, daß die neue Ordnung auch wirklich gelungen sei. Wir waren weiter der Meinung, daß die notwendige Bereinigung des Kapitalmarktes nicht so summarisch zu erfolgen brauche, wie es jetzt geschehen ist, und daß daher eine Blockierung der Annullierung vorzuziehen sei, während andererseits sofort Klarheit darüber bestehen müßte, nach welchen Grundsätzen sich der Lastenausgleich zu vollziehen habe. Wir hatten auch nachdrücklich darauf aufmerksam gemacht, daß die Geldordnung kein Ding für sich, sondern ein Spiegelbild der Wirtschaftsordnung sei und daß Bewirtschaftung mit Preisstop und Rationierung und wirkliche Geldordnung ein Widerspruch in sich sei. Auch ist die Volkswirtschaft nicht etwas, das sich auf die Innenwirtschaft beschränkt, es geht nicht an, daß man das eine Bein gesund macht — das Bein der innerwirtschaftlichen Geld- und Preisbewegung — und dann das andere Bein durch eine schlecht angebrachte und mangelhaft konstruierte Prothese ersetzt, die bei uns den Namen JEIA führt. Wer den Sinn des Marshallplanes erfaßt hat, kann nicht dringend genug wünschen, daß sobald wie möglich das Handelsmonopol der JEIA durch die private Initiative und die sorgfältige Kalkulation des mit eigenem Risiko arbeitenden Kaufmanns ersetzt wird.

Ich möchte nun nicht den Eindruck aufkommen lassen, als wenn zwischen den wirtschaftspolitischen Grundansichten, wie sie derzeit von den westeuropäischen Ländern und den Amerikanern vertreten werden, und der deutschen Volkswirtschaftslehre wesentliche Unterschiede beständen. Wir wollen auch dankbar anerkennen, daß man uns in sehr wertvoller Weise geholfen hat und weiter helfen will, große Übergangsschwierigkeiten zu überwinden. Auch moralisch können wir ein gutes Stück mit den Siegermächten zusammengehen. Wenn auch das Gerede von der Kollektivschuld des deutschen Volkes barer Unsinn ist, so haben wir doch die Folge davon zu tragen, daß wir jahrelang die Regierung einer Clique von Narren und Verbrechern geduldet haben. Wir sind bereit, nach besten Kräften wiedergutzumachen, aber wir möchten im Interesse des Wiederaufbaues der Weltwirtschaft nicht, daß Wiedergutmachung mit Vergeltung und Retten mit Rächen verwechselt wird. Wir sind der Meinung, daß schon die Reparationspolitik nach 1918 ein volks- und weltwirtschaftlicher Unfug war, und müssen nun feststellen, daß diese unkluge Wirtschaftspolitik nach dem zweiten Weltkriege noch überboten wird, indem man uns unentbehrliche Arbeitsinstrumente, die der Friedenswirtschaft dienen sollen, aus der Hand nimmt, sie demoliert und die Reste da einsetzt, wo sie volks- und weltwirtschaftlich weniger Gutes zu leisten vermögen.

Wie wir Wissenschaftler grundsätzlich nicht mit den Besatzungsmächten in Widerspruch stehen, so stehen wir auch nicht im Widerspruch mit den Zielen, die die politischen Parteien verfolgen. Es ist ein dreifaches Ziel, das ihnen und uns vorschwebt: Mehrung des Sozialprodukts, richtige und gerechte Verteilung dieses Sozialprodukts, insbesondere nachhaltige Steigerung des realen Arbeitseinkommens und endlich Verhinderung der Massenarbeitslosigkeit. Wir legen aber den größten Nachdruck darauf, daß diese drei Ziele aufs engste miteinander zusammenhängen. Um diese Zusammenhänge zu erkennen, muß man denkend die Dinge betrachten, wie sie sind, dieses denkende, unbefangene Betrachten heißt griechisch „theoreia". Diese Theorie steht nicht im Widerspruch mit der Praxis; gute Theorie und gute Praxis sind aufs engste miteinander verbunden. Auch der Parteipolitiker, der nicht bloßer Demagoge sein will und sich als solcher mit einigen Schlagworten begnügen kann, muß sich eine Theorie zurechtlegen. Aber er hört in der Regel zu früh mit dem Denken auf; sei es, weil das Weiterdenken mit dem parteipolitischen Dogma und den parteipolitischen Sonderinteressen in Konflikt gerät, oder sei es, daß er der Denkschulung entbehrt, die nun einmal erforderlich ist, um den komplizierten Zusammenhängen im Wirtschaftsleben gerecht zu werden. Wie die Parteipolitiker müssen auch wir Wirtschaftswissenschaftler im Leben stehen. Um dem Leben dienen zu können, müssen wir aber uns hüten vor einer Politisierung unserer Wissenschaft. Wir dürfen unter keinen Umständen unsere wissenschaftliche Arbeit den parteipolitischen Dogmen und den Sonderinteressen unterordnen. Auf der anderen Seite können wir verlangen, daß wirtschaftswissenschaftliche Erkenntnisse von der Parteipolitik im In- und Ausland weit mehr beachtet und geachtet werden, als es bislang der Fall war. Die Parteipolitik hat immer wieder gerade auf wirtschaftlichem und sozialem Gebiet die Völker in Sackgassen hineingetrieben und ihnen statt Fortschritte Trümmerhaufen beschert. Wir Vertreter der deutschen Wirtschaftswissenschaft dürfen mit Genugtuung feststellen, daß wir in der Zeit zwischen den Weltkriegen immer wieder rechtzeitig und richtig vor folgenschweren Fehlern gewarnt haben und daß wir mit Vorschlägen zur Stelle waren, die sich in der Folgezeit als richtige Wegweiser erwiesen haben.
Entschuldigen Sie, daß diese einleitenden Bemerkungen etwas länger geworden sind als geplant war. Aber angesichts des für uns Deutsche und für die anderen so wichtigen Themas, das uns heute beschäftigen soll, und mit Rücksicht darauf, daß wir im Begriffe stehen, die Organisation wieder aufzubauen, in der wir uns zu gemeinsamer Arbeit zusammenschließen wollen, glaube ich, daß es nützlich und notwendig ist, deutlich zu sagen, was wir sind und was wir wollen.

Ich darf nunmehr Herrn Dozenten Dr. *Meyer* bitten, sein Referat zu halten.

Volkswirtschaftliche Probleme des deutschen Außenhandels

Dozent Dr. FRITZ W. MEYER (Bonn/Kiel):

Meine Damen und Herren!

An dem Titel meines Referates — Volkswirtschaftliche Probleme des deutschen Außenhandels — muß ich eine wesentliche Einschränkung vornehmen. Einen deutschen Außenhandel gibt es ja seit Kriegsende nicht mehr. Infolge der politischen Gegensätze zwischen dem Osten und den Westmächten und infolge der sehr erheblichen Unterschiede zwischen den Interessen und den Methoden der einzelnen Besatzungsmächte an der wirtschaftlichen Ausschlachtung ihrer Zonen zur Gewinnung von Reparationen hat sich der Außenhandel nach seiner Zusammensetzung, Richtung und Organisation so verschieden entwickelt, daß wir bis auf weiteres nur von einem Außenhandel der Ostzone, der Doppelzone und der französischen Zone sprechen können.

Da fast alle wesentlichen Tatsachen über den Außenhandel der Ostzone in ein undurchdringliches Dunkel gehüllt sind, muß er aus der Betrachtung ausscheiden. Meine Ausführungen befassen sich — der Not gehorchend — ganz überwiegend nur mit den Problemen des westdeutschen Außenhandels. Zwar sind auch hier — besonders in der französischen Zone — die Informationen für die deutsche Öffentlichkeit nur sehr spärlich. Aber auf der Grundlage der erreichbaren Tatsachen ist es in bezug auf Westdeutschland doch möglich, wesentliche Fragen zu erörtern.

Bevor ich jedoch zur Behandlung der eigentlichen volkswirtschaftlichen Probleme des westdeutschen Außenhandels komme, erscheint es mir einleitend notwendig, einige Vorfragen in möglichster Kürze zu klären. Und zwar sind zunächst über das Ziel und die daraus abzuleitende notwendige Größe des deutschen Außenhandels einige Bemerkungen zu machen. Dieser Sollgröße wird dann der bisher erreichte Umfang unseres Außenhandels gegenübergestellt, woraus sich in etwa die Größe der unserer Wirtschaft und der Wirtschaftspolitik gestellten Aufgaben ergibt.

Im Rahmen der Volkswirtschaftspolitik ist der Außenhandel kein Ziel an sich, sondern ein Mittel zum Zweck. Dieser Tatsache trägt der revidierte Industrieplan für das britische und amerikanische Besatzungsgebiet vom 29. August 1947 dadurch Rechnung, daß er im Gegensatz zum ersten Industrieplan von Potsdam eine starre Begrenzung der Größe des Außenhandels für die Bizone vermeidet. Die allgemeinen Aufgaben und das Ziel des Außenhandels ergeben sich vielmehr aus dieser bis heute noch gültigen magna carta der Wirtschafts- und Reparationspolitik der angelsächsischen Mächte gegenüber dem besiegten Deutschland nur indirekt. Es wird festgestellt, daß der revidierte Plan dieselben Ziele verfolgt wie der ursprüngliche Plan. Man kann daraus entnehmen, daß der im ersten Industrieplan den Deutschen zugestandene mittlere europäische Lebensstandard unverändert gelten soll. Diese Zielsetzung ist keineswegs eindeutig, aber immerhin viel klarer als die sehr allgemeinen Wendungen, in denen von der Zurückerlangung der wirtschaftlichen Gesundheit des Gebiets oder von dem unerläßlichen Beitrag Deutschlands zum Wiederaufbau Europas die Rede ist. Gehen wir also von dem Ziel aus, daß die Doppelzone über kurz oder lang imstande sein soll, ohne ausländische Hilfe den mittleren europäischen Lebensstandard zu erreichen, dann ergibt sich daraus die Frage: Welche Leistungen des Außenhandels der Zone sind notwendig und müssen erstrebt werden, wenn dieses Ziel erreicht werden soll?

Der Industrieplan beschäftigt sich mit dieser Frage und kommt zu einer Schätzung von etwa 2 Mrd. Doll. Einfuhrbedarf (in Preisen von 1947). Diese Größe ist zweifellos nicht annähernd ausreichend. Sie geht nämlich von der Berechnung der Kosten für eine Einfuhr von Lebensmitteln aus, die einen „ausreichenden Verpflegungssatz ermöglichen sollen". Dieser Verpflegungssatz entspricht nicht dem mittleren europäischen Lebensstandard, sondern er gewährleistet allenfalls einen „Überlebensstandard". Den Kosten dieser Einfuhr in Höhe von 1 bis 1,25 Mrd. Doll. sind dann 0,75 bis 1 Mrd. Doll. zugeschlagen, die den industriellen Einfuhren des Jahres 1936 ungefähr entsprechen. Bei dieser Rechnung ist also nicht berücksichtigt, daß der industrielle Einfuhrbedarf des Gebiets in Zukunft weit größer ist als 1936, weil die Errungenschaften der autarkiepolitischen Maßnahmen des Nationalsozialismus durch den Industrieplan selbst beseitigt sind und weil im übrigen durch die Demontagen und die Zerschneidung Deutschlands ein gewaltiger Importbedarf entstanden ist. In zahlreichen deutschen Denkschriften und Gutachten, so z. B. in Untersuchungen des Institutes für Weltwirtschaft und in der *Harmssen*-Denkschrift ist an den Berechnungen des Industrieplans Kritik geübt worden. Sie kommen zu wesentlich höheren Ziffern für den Einfuhrbedarf, weil sie die Ernährungseinfuhr höher einsetzen und außerdem den industriellen Einfuhrbedarf entsprechend den wachsenden Exportnotwendigkeiten zur Bezahlung der Lebensmittel und der Dienstleistungen ebenfalls höher veranschlagen als im Jahre 1936. Aber auch diese Zahlen erscheinen mir allein aus dem Grunde zu niedrig gegriffen, weil die Berechnungen ebenfalls die Auswirkungen des Industrieplans selbst und die der Entflechtung der binnenwirtschaftlichen Arbeitsteilung im nichtlandwirtschaftlichen Sektor auf den Einfuhrbedarf nicht in Rechnung stellen.

Ich will es Ihnen und mir ersparen, auf die grundsätzlichen Probleme und die speziellen Mängel derartiger Berechnungen in diesem Zusammenhang ausführlich einzugehen. Jedoch leuchtet es ohne weiteres ein, daß das Jahr 1936 eine denkbar unglückliche Bezugsbasis für die Gewinnung einer Größenvorstellung von unserem künftigen Einfuhrbedarf ist. Denn 1936 hatte die nationalsozialistische Autarkiepolitik und die außenwirtschaftliche Desintegration schon beträchtliche Fortschritte gemacht. Die Verwendung der Zahlen von 1936 als Bezugsbasis in allen Industrieplänen ist wohl in erster Linie dem Zufall zu verdanken, daß im Jahre 1936 in Deutschland eine Industrieerhebung veranstaltet worden ist. Geht man jedoch davon aus, daß die wirtschaftliche Isolierung Deutschlands in Zukunft einer engen Verbindung mit der Weltwirtschaft Platz machen muß, dann erscheint der Außenhandel von 1929 als Bezugsbasis sehr viel zweckmäßiger, wenn man sich eine Größenvorstellung vom künftigen Einfuhrbedarf verschaffen will. Die gegenüber 1929 durch die Ereignisse des Krieges vergrößerte und in der Zusammensetzung veränderte Bevölkerung Westdeutschlands würde zwar an sich einen zusätzlichen Einfuhrbedarf erforderlich machen. Man kann jedoch diesen Faktor vernachlässigen, da er fast genau der Größe entspricht, um die der künftige deutsche Lebensstandard ohnehin reduziert bleiben soll. Nach den Realeinkommensberechnungen von *Colin Clark*[1]) für den Durchschnitt der Jahre 1925 bis 1934 müßte das deutsche Realeinkommen um etwa 20 Proz. niedriger liegen, wenn es dem gesamteuropäischen Durchschnitt (abgesehen von Großbritannien und Sowjetrußland) entsprechen soll. Ebenso groß — rund 20 Proz. — ist etwa der Bevölkerungszuwachs der Bizone, was einer entsprechenden Senkung des Lebensstandards entspricht. Danach verbleiben nur noch zwei Faktoren, die bei der Schätzung berücksichtigt werden müssen. Das Reich war 1929 eine wirtschaftliche Einheit, also muß der Außenhandel um die Größe vermehrt werden, die der Zerstörung der binnenwirtschaftlichen Arbeitsteilung entspricht. Ferner sind die Auswirkungen der Demontage auf den Einfuhrbedarf in Ansatz zu bringen, soweit die Demontagen und Produktionsverbote gegenüber 1929 zusätzlichen Importbedarf entstehen lassen.

---
[1]) Colin Clark, The Conditions of Economic Progress, London 1940.

Der auf Westdeutschland entfallende Anteil an der Gesamteinfuhr des Reiches von 1929 beträgt rund 2,25 Mrd. Doll. Dieselbe Einfuhr würde bei den heutigen Preisen rund 4 Mrd. Doll. kosten. Da der frühere Binnenhandel über die heutige Grenze der Ostzone nach Schätzungen auf der Grundlage der Verkehrsstatistik viele Milliarden betrug, ist ein diesen Ausfall kompensierender zusätzlicher Einfuhrbedarf mit 1 Mrd. Doll. außerordentlich gering veranschlagt.

Der Mindesteinfuhrbedarf, der bei Vernachlässigung aller weiteren bedarfsteigernden Faktoren zur Herstellung des mittleren europäischen Lebensstandards in Westdeutschland erforderlich erscheint, beträgt danach mindestens 5 Mrd. Doll. Und zwar 5 Mrd. Doll. Einfuhr oder unter Berücksichtigung der Dienstleistungen — mehr als 10 Mrd. Doll. Außenhandelsumsatz von normalem Nutzen für unsere Volkswirtschaft. Auf die Voraussetzung eines normalen Nutzens kann nicht nachdrücklich genug hingewiesen werden, weil alle mir bekannten Berechnungen und Planzahlen die Berücksichtigung der Wirtschaftlichkeit des Außenhandels vergessen. Im Banne eines reinen Mengendenkens wird übersehen, daß auch im Außenhandel das bekannte Motto: „Der Umsatz muß es bringen" nur sehr begrenzte Gültigkeit hat. Der Umsatz bringt gar nichts, wenn man teurer einkauft als verkauft. Und dasselbe gilt von einem Außenhandelsumsatz, der so zurechtgelenkt ist, daß er mehr Nutzen entzieht als bringt. Diese Größe von 5 Mrd. Doll. Einfuhr mag — gemessen an den Schätzungen des revidierten Industrieplans — phantastisch hoch erscheinen. Sie ist es jedoch nicht, wie ein Vergleich mit Großbritannien beweist. Westdeutschland zeigt nach der Abtrennung von den agrarischen Ostprovinzen des Reiches hinsichtlich Flächengröße, Bevölkerungszahl, Rohstoffausstattung und Wirtschaftsstruktur eine erstaunliche Ähnlichkeit mit Großbritannien. Dieses Land wird 1948 eine Einfuhr von rund 8 Mrd. Doll. haben. In der Differenz von 3 Mrd. zu unserer Sollzahl ist der Abstand zu den uns verschlossenen Höhen des englischen Lebensstandards gebührend berücksichtigt.

Es erschien mir notwendig, Ihnen — wenn auch nur lückenhaft — die umständliche Begründung für eine Schätzung des Einfuhrbedarfs vorzutragen, die ganz wesentlich über die bisher in der Diskussion dieser Fragen genannten Zahlen hinausgeht. Denn erst von dieser, nach meiner Überzeugung immer noch sehr vagen, aber doch etwas zutreffenderen Sollziffer aus wird die Größe der Aufgabe der Außenhandelspolitik und der verschwindend geringe Umfang des bisher Erreichten ganz klar.

Was ist bisher gegenüber einem künftigen Soll von etwa 5 Mrd. Doll. Einfuhr und vielleicht 6 Mrd. Ausfuhr im Außenhandel der Westzonen

tatsächlich erreicht worden? Bei der Beantwortung dieser Frage will ich von der Ausfuhr ausgehen:
In langsamem Wiederanstieg hat die Ausfuhr der Doppelzone nach dem Ausland für das erste Halbjahr 1948 den Betrag von 229 Millionen Doll. erreicht. Unter Annahme einer weiterhin leicht ansteigenden Tendenz kann man das Gesamtergebnis des laufenden Jahres auf etwa 450 bis 500 Millionen Doll. veranschlagen. Für die französische Zone fehlen neuere Zahlenangaben. Nach früheren Angaben für die Zeit bis Mitte März 1947 und unter Berücksichtigung der erschütternden Gesamtlage der Wirtschaft dieser Zone ist nicht anzunehmen, daß die echte Ausfuhr für 1948 den Betrag von 100 Millionen Doll. auch nur annähernd erreichen wird. Insgesamt dürften also die westdeutschen Exporte maximal zwischen 550 bis 600 Millionen Doll. liegen. Das ist etwa ein Zehntel der Sollgröße.
Bei der Gesamteinfuhr der Westzonen ist die Abweichung vom Soll wesentlich geringer. Zu den Einfuhren der Kategorie B, die aus den Exporterlösen finanziert werden und daher der Ausfuhrgröße ungefähr entsprechen, kommen noch hinzu: Die aus den Militärbudgets der USA und Großbritanniens finanzierten Importe der Kategorie A „zur Vermeidung von Seuchen und Unruhen" in Höhe von 800 Mill. Doll. und die Importe aus dem Marshall-Hilfsplan, dem European Recovery Programme, in Höhe von höchstens 600 Mill. Doll. für das erste Jahr des Programms, deren Höhe aber noch nicht festliegt. Die Zweckbestimmung der Einfuhren der Kategorie A und des Marshall-Plans kennzeichnet sie als Übergangshilfen, die nach dem Anlaufen einer hinreichenden deutschen Ausfuhr, bzw. bei der E.R.P. nach 1951 in Wegfall kommen sollen.
Die Einfuhr aus eigener Kraft, mit der wir auf längere Sicht nur rechnen dürfen, beträgt also entsprechend der Ausfuhr von 550 bis 600 Mill. Doll. im laufenden Jahr ebenfalls nur rund ein Neuntel des Solls. Oder — um eine andere Vergleichsgröße zu geben — Ausfuhr und nicht geborgte Einfuhr entsprechen etwa einem Drittel des Außenhandels von 1936. Während sich die Gesamtproduktion der Doppelzone schon wieder zwei Dritteln des Standes von 1936 annähert, hinkt der Außenhandel von einem Drittel mit ganz beträchtlichem Abstand hinterher.
Die enorme Differenz zwischen „Soll" und „Ist" läßt den quantitativen Tiefstand unseres Außenhandels klar erkennen. Darüber hinaus zeigt ein Blick auf die warenmäßige Zusammensetzung, daß auch in qualitativer Hinsicht eine sehr erhebliche Differenz zwischen dem gegenwärtigen Zustand und dem Außenhandel eines ausgesprochenen Verarbeitungslandes besteht. Jahrzehnte hindurch, und zwar in immer ausgeprägterem Maß, hatte der deutsche Außenhandel die typischen

Merkmale eines Veredelungsverkehrs. Bei der Einfuhr waren dominierend die Rohstoffe und Halbwaren (1936: 61,6 Proz.), während die Fertigwaren nur einen geringen Anteil hatten (1936: 12,5 Proz.). Bei der Ausfuhr dagegen waren festzustellen: Überragender Anteil der Fertigwaren (1936: 82,8 Proz.), dagegen kaum Rohstoffe und Halbwaren (1936: 15,7 Proz.). — Nach den strukturellen Veränderungen der deutschen Wirtschaft seit dem Ende des Krieges müßte jetzt eigentlich der Charakter des Veredelungsverkehrs noch ausgeprägter werden. Denn nach der Abtrennung der Ostgebiete mit Oberschlesien, nach der Lostrennung des Saarlandes und den zahlreichen Produktionsverboten des Industrieplans, welche die heimische synthetische Rohstofferzeugung verhindern, sind wir im Rohstoffbezug abhängiger denn je, während die Verdichtung der Bevölkerung den Export von Waren mit möglichst hohem Arbeitsanteil an den Produktionskosten fordert. In schärfstem Gegensatz zu diesem Soll zeigt die Ausfuhrstatistik der Doppelzone für 1947, daß die Fertigwaren nur noch 16,4 Proz. ausmachen, während die Rohstoffe Kohle und Holz allein mit mehr als zwei Dritteln der Ausfuhr vollkommen im Vordergrund stehen. Wir sind also scheinbar — gewissermaßen über Nacht — ein Rohstoffland geworden.

Und bei der Einfuhr ist es auffallend, daß sie jetzt in weit größerem Umfang als früher aus Fertigwaren besteht, während zugleich eigene Verarbeitungskapazitäten aus Rohstoffmangel nicht voll ausgenutzt sind. Außerdem entspricht die Einfuhr in zahlreichen Hinsichten nicht der Dringlichkeitsskala unseres Bedarfs.

Die geschilderten Tatbestände, die Unzulänglichkeiten unseres Außenhandels in quantitativer und qualitativer Hinsicht, geben Anlaß zu zwei zentralen Fragen: Welches sind die Ursachen der kümmerlichen Ergebnisse? Wie könnte Abhilfe geschaffen werden?

Unter den Ursachen der Unzulänglichkeiten in beiderlei Hinsicht, die ich zunächst behandeln will, steht die geltende Außenhandelsordnung an erster Stelle. In Gestalt der „JEIA" (Joint Export Import Agency) in Verbindung mit einer Devisenkasse (Joint Foreign Exchange Agency) und des „Officomex" (Office du Commerce Extérieur) haben die westlichen Besatzungsmächte sogenannte Kontrollorgane für den Außenhandel ihrer Zone eingerichtet. Die Bezeichnung Kontrollorgan ist allerdings ein Euphemismus, denn es handelt sich bei der Tätigkeit dieser Institutionen keineswegs um Kontrollen, welche etwa die Einhaltung der Bestimmungen des Industrieplans sicherstellen. Sondern „JEIA" und „Officomex" dienen der zentralen Lenkung des Außenhandels und des internationalen Zahlungsverkehrs ihrer Zonen. Es

sind also Systeme der Devisenbewirtschaftung. Und zwar ist die „JEIA" ein System jenes unvollkommenen Typus, den wir in Deutschland von 1932 bis zur Einführung des neuen Plans im Jahre 1935 praktiziert haben. Sie erfaßt die anfallenden Ausfuhrerlöse und bezahlt aus dem verfügbaren Devisenfonds die genehmigten oder selbst durchgeführten Einfuhren. Dieses Verfahren ist in jedem Fall, auch wenn die Außenhandelslenkung in deutschen Händen gelegen hätte, deswegen unvollkommen und einer Entfaltung des Außenhandels feindlich, weil es stets bei einem zugunsten der Reichsmark und der D-Mark überhöhten Wechsel- oder Verrechnungskurs vor sich gegangen ist. Und ferner ist es unvollkommen, weil man sich beim Ausgleich der Zahlungsbilanz in der Doppelzone nur mit der Verteilung, nicht aber mit der Erzielung eines hinreichenden Devisenanfalls befaßt hat. Unter diesen beiden Bedingungen müssen die folgenden allgemeinen Wirkungen auftreten:
Bei überhöhtem Wechselkurs fallen Devisenangebot und Devisennachfrage auseinander. Je nach dem Grad der Überhöhung lohnt sich der Export nur in mehr oder minder begrenztem Umfang. Industrien, die nicht für den Binnenmarkt produzieren und sich nur schwer auf ihn umstellen können, oder solche, die aus Weitblick die Pflege des Exportgeschäfts betreiben, werden freiwillig exportieren. Im übrigen wird der Absatz auf dem Binnenmarkt lohnender sein. Der freiwillige Export bei überhöhtem Wechselkurs wird aus diesem Grund geringfügig sein, ebenso die Einfuhr, die aus den Devisenerlösen des geringen Exports bezahlt wird. Die Einfuhr ist zwar billig, aber eben deshalb so knapp, daß ihre Verteilung unter Ausschluß des Marktes erfolgt. An sich hat also der überhöhte Wechselkurs stets die Tendenz, den Außenhandelsumsatz klein zu halten oder klein zu machen. Die Leiter der Devisenbewirtschaftung stehen, wenn sie die Zusammenhänge erkennen (was z. B. in Deutschland nach 1933 sehr lange gedauert hat!), vor der Wahl, ob sie mit anderen Mitteln dem Export den Stimulus geben sollen, der infolge des überhöhten Wechselkurses fehlt. Das einzige sicher wirkende Mittel zum Zweck in einer Wirtschaft, in der die zurückgestaute Inflation erheblichen Druck ausübt, ist der Zwang. Oder die Leiter der Devisenbewirtschaftung haben die Wahl, ob sie es einfach beim geringen Devisenanfall bewenden lassen, worauf sich die Einfuhrmöglichkeit einseitig an der Exportgröße ausrichtet. Im ersten Fall kann man das System der Devisenbewirtschaftung als vollständig bezeichnen, weil es die Funktionen des verhinderten Wechselkurs- oder Geldmengenmechanismus wenigstens quantitativ völlig ersetzen kann. Es wird nicht nur verteilt, sondern auch dafür gesorgt, daß etwas zum verteilen da ist. Das zweite, unvollständige System rekonstruiert mit der Verteilung des Devisenanfalls

nur den halben Ausgleichsmechanismus. Es führt deshalb notwendigerweise je nach den Umständen zu relativer Stagnation oder sogar zum Niedergang des Außenhandels.
Die JEIA hat bisher zweifellos den zuletzt genannten Typus einer Devisenbewirtschaftung verwirklicht. Auf den ersten Blick könnte es zwar scheinen, als ob sie mit den Exportauflagen für Kohle, Strom, Schrott usw. und dem Devisenbonus-Verfahren Exportförderung betrieben hätte. Das ist kaum der Fall gewesen. Die Exportauflagen gingen nicht von der JEIA aus. Sie sind in gewissem Umfang als Reparationsleistungen zu betrachten, was aus den lange Zeit hindurch dafür bezahlten Unterpreisen hervorgeht. Diese Exporte lagen auch nicht im Interesse der deutschen Wirtschaft, wenigstens nicht in dem Umfang, in dem sie durchgeführt werden mußten. Und der Devisenbonus (ab 11. 8. 1947) war in der ursprünglichen Höhe von 5 Proz. für den Betrieb und nach den Umständen, unter denen er bezahlt wurde, ein völlig unzulänglicher Ersatz für den verhinderten Gleichgewichtswechselkurs. Das beweisen die Ausfuhrergebnisse. Im ersten Halbjahr 1948 bestanden immer noch 60 Proz. der Exporte aus Kohle, Holz und Strom. Und die Steigerung der Ausfuhr von 1947 auf 1948 beruht ganz überwiegend auf den gesteigerten Erlösen für Kohle, die im ersten Haljahr 1948 mit 120 Mill. Doll. schon soviel erbrachten wie im ganzen Jahr 1947. — Der Devisenbonus B (5 Proz. für die Belegschaften), der jetzt weggefallen ist, war eine soziale Ungerechtigkeit größten Stils. Der Bonus A jedoch (5 Proz. bzw. 40 Proz. für den Betrieb) ist nur dann Ersatz für einen höheren Exporterlös, wenn mit den darauf importierten Waren Schwarzmarktgeschäfte gemacht werden.
Das Bewirtschaftungssystem des „Officomex", über das die Nachrichten unklar und widerspruchsvoll sind, hat im Gegensatz zur „JEIA" in weit stärkerem Umfang mit Exportauflagen gearbeitet. Da aber auch Zwangslieferungen auf die Dauer nur zu kostendeckenden Preisen erfolgen können, gewährte man — nach einer unlängst in der Presse erschienenen Mitteilung — dem Exporteur 4,16 Mark für den Doll., während in der Einfuhr die Mark mit 3,33 niedriger bewertet war. Eine Differenz von 175 Millionen Mark für den Außenhandel vom August 1945 bis Ende 1947, also eine Subvention von 25 Proz., mußten die Länder der französischen Zone an die Exporteure zahlen. Ob die Einfuhren zu dem günstigen Einfuhr-Kurs von 3,33 abgegeben worden sind, weiß ich nicht. Die Subvention für die Ausfuhr bedeutet sicher eine Annäherung an das System einer vollständigen Devisenbewirtschaftung, die dem größten Interesse Frankreichs an der vollen Bezahlung aller Einfuhren aus Exporterlösen entspricht. Um ihre Auswirkung zutreffend beurteilen zu können, müßte man allerdings

wissen, ob der bessere Wechselkurs für die Exporteure nicht durch niedrigere Übernahmepreise als in der Bizone erforderlich war. Die Länder der französischen Zone haben schätzungsweise die Hälfte bis zwei Drittel ihres Vorkriegsexports bei einem indexmäßig wesentlich geringeren industriellen Produktionsstand und bei dezimiertem Produktionsapparat neben ungeheuren Aufwendungen für die Besatzungsmacht aufgebracht. Danach kann man annehmen, daß durch die Kombination von Zwang, Subventionen und einem Kollektiv-Bonus die Exportkapazität dieser Zone nicht nur voll ausgeschöpft, sondern daß das Optimum der Ausfuhrgröße unter den bestehenden Bedingungen zu Lasten der Lebenshaltung der Bevölkerung weit überschritten ist. Eine Steigerung der Exportleistungen dieser Zone kann in Zukunft nur dann erwartet werden — gleichgültig, welche Mittel zur Anwendung kommen —, wenn die weitere Ausschlachtung des Produktionsapparates jetzt beendet und eine grundlegende Revision der Anforderungen der Besatzungsmacht durchgeführt wird.
Die quantitative Unzulänglichkeit der westdeutschen Exporte in der Zeit vor der Währungsreform kann man zusammenfassend wohl so erklären: Im Bereich der „JEIA" war es nur in geringem Umfang eine objektive Unmöglichkeit, zu größeren Exportleistungen zu kommen. Die wichtigste Ursache war vielmehr die völlige Zerrüttung der inneren Wirtschaftsordnung und die Politik der JEIA, in der sich erst im Laufe der Zeit ein langsam zunehmendes Interesse an der Steigerung der regulären Exporte gezeigt hat. Aber auch danach war der Devisenbonus ein unzulängliches Mittel, um die Hortungspsychose zu durchbrechen. In der französischen Zone dagegen sind die der Zentralverwaltungswirtschaft adäquaten Mittel des Zwanges in Kombination mit geringfügigen Anreizen konsequent angewendet worden mit dem geschilderten quantitativen Ergebnis.

Die wahre Größe der qualitativen Unzulänglichkeit unseres Außenhandels kommt in der Außenhandelsstatistik und bei unmittelbarer Beobachtung der Tatsachen nicht ausreichend zum Ausdruck. Die Tatsachen an sich bieten nämlich nur in ganz groben Fällen Anhaltspunkte dafür, ob Aus- und Einfuhr in irgendeiner Hinsicht — nach Art, Umfang, Richtung, Preisen usw. — von der volkswirtschaftlich nützlichsten, optimalen Zusammensetzung abweichen. Wir erkennen zwar, daß z. B. das Optimum der Kohlenausfuhr sicher überschritten ist, wenn infolge des unzureichenden Inlandsanteils an der Produktion die Hausbrandversorgung zum Teil durch Plünderung der Kohlenzüge erfolgt und in deutschen Großstädten Menschen erfrieren. Aber in allen Fällen, in denen die Abweichungen vom Optimum der Außenhandelsgestaltung nicht sehr kraß sind, erkennen wir sie einfach deshalb nicht, weil wir unter den Bedingungen der Devisenbewirtschaftung keinen zulänglichen Maßstab für die Feststellung derartiger Abweichungen haben. Wir haben ihn nicht — und auch die Leiter der Devisenbewirtschaftung haben ihn nicht. Woher sollten sie z. B. wissen, ob und inwieweit die Einfuhr von Leder wichtiger ist als von Phosphaten oder von Raffinadekupfer? Alle Kalorienrechnungen oder sonstigen technischen Kriterien, Dringlichkeitsstufen usw., die in der Praxis der zentralen Außenhandelslenkung verwendet werden, sind plumpe Behelfe, die in keiner Hinsicht eine richtige Wirtschaftsrechnung ersetzen können. Das Verfahren unserer Landeswirtschaftsämter, nur solche Anträge auf Rohstoffeinfuhren zu Veredelungszwecken befürwortend weiterzuleiten, bei denen der Reexport mindestens den dreifachen Devisenerlös erbringt, ist bezeichnend für die rührende Hilflosigkeit, in der man dem Problem einer volkswirtschaftlich richtigen Lenkung des Außenhandels gegenübersteht. Wie sinnlos erscheint angesichts dieser Faustregel die Einfuhr von Lebensmitteln, die doch gar keinen unmittelbaren Reexport erbringt.

Diese Beispiele mögen genügen. Aus der theoretischen Überlegung geht hervor, daß die Außenhandelslenkung im Rahmen der Devisenbewirtschaftung nicht imstande ist, den Außenhandelsverkehr auf sein volkswirtschaftliches Optimum einzusteuern. Sie weiß weder im einzelnen noch im ganzen mit Sicherheit zu sagen, ob der Nutzenentgang durch Ausfuhr dem Nutzenzugang durch Einfuhr entspricht. Es ist also ein Außenhandel im Dunkeln, der da getrieben wird.

Aus der Tatsache, daß der zentral geleitete Außenhandel unter keinen Umständen imstande ist, die unter den gegebenen Bedingungen richtigen Gegenstände und dazu auch noch das richtige Ausmaß der internationalen Arbeitsteilung zu finden, ergibt sich ein wichtiges Resultat für die Therapie, das ich zunächst nur andeuten will. Es zeigt sich nämlich, daß die Devisenbewirtschaftung auch unter deutscher Leitung nicht imstande gewesen wäre, den Außenhandel richtig zu lenken. Die vielfach in der Diskussion der Ursachen unseres unzulänglichen Außenhandels geäußerte Ansicht, wonach alle Mängel mit der Lenkung durch die Alliierten zusammenhängen, ist nicht zutreffend. Richtig ist allerdings, daß die erkennbar gewordenen und die mehr oder minder unsichtbaren Abweichungen vom Optimum weit über das hinausgehen, was wir selbst auch nicht hätten vermeiden können. Die weitgehende Behinderung der Nachrichtenverbindung mit dem Ausland, das Fehlen des Marken- und Patentschutzes, die Dollarklausel und außerdem unzählige Einzelheiten aus der Außenhandelspraxis, die in der in- und ausländischen Presse bekannt geworden sind, lassen keinen Zweifel daran, daß es lange Zeit hindurch gar nicht in der Absicht der Besatzungsmächte der Doppelzone lag, unseren Außenhandel anlaufen zu lassen. Sie haben die Möglichkeiten, die ihnen die Devisenbewirtschaftung gibt, als Bremse und zugleich zu einer starken Herabminderung unseres volkswirtschaftlichen Nutzens aus dem Außenhandel benutzt.

Dieser Auffassung könnte vielleicht durch den Hinweis darauf widersprochen werden, daß jeder Dollar, den die „JEIA" für deutsche Exporte eingenommen hat, zur Bezahlung von Importen Verwendung gefunden hat. Das mag durchaus zutreffen, aber dieser Einwand wäre kein Gegenbeweis. Es kommt auf die Dollars an, die nicht eingenommen worden sind, weil die Exportkapazität gerade bei den Fertigwaren nicht ausgeschöpft wurde. Und auf diejenigen, die man besser nicht eingenommen hätte, weil sie aus der übertriebenen Ausfuhr von Rohstoffen stammten. Bei der Einfuhr ist ebenso — gemessen an den Bedürfnissen der Konsumenten — in einigen Hinsichten zu viel, in anderen wieder zu wenig ausgegeben worden. Der beste Beweis dafür ist der enorme Umfang des illegalen Imports, bei dem wir zu unglaublichen naturalen Austauschbedingungen seit Jahren die Waren bezogen haben, die in der regulären Einfuhr aus irgendwelchen Gründen nicht enthalten waren. Und wir haben bezahlt mit solchen Waren — Gold, Juwelen, Kunstgegenständen usw. —, die auch in der regulären Ausfuhr ausländische Käufer zu ganz erheblich besseren Preisen gefunden hätten.

Die geschilderten, aus der Außenhandelsordnung herrührenden Ursachen der Stagnation lassen sich durch Anwendung der Theorie der Marktformen auf einen einfacheren, zusammenfassenden Ausdruck bringen. Zentrale Außenhandelslenkung durch Devisenbewirtschaftung bedeutet grundsätzlich im Vergleich mit einer verkehrswirtschaftlichen Außenhandelsordnung eine Konzentration von wirtschaftlicher Macht in der Nachfrage nach und im Angebot von Importgütern und in Nachfrage und Angebot von Exportgütern. Die inländische Nachfrage nach Importgütern kann gebündelt werden, woraus sich gegenüber der individuellen, freien Nachfrageentfaltung am Weltmarkt eine durchschnittliche Verlagerung der Positionen an den vielen Einzelmärkten in Richtung auf das Monopol ergibt. Die Möglichkeiten der Machtentfaltung nach außen sind allerdings dadurch begrenzt, daß in der Regel die Inlandsnachfrage nur einen kleinen Bruchteil der Gesamtnachfrage an jedem Markt ausmacht. Ebenso ist — abgesehen von Einzelfällen — im Angebot von Exportgütern am Weltmarkt durch zentrale Lenkung des Außenhandels keine sehr wesentliche und dauerhafte Machtposition zu gewinnen. Die Geschichte der Valorisationen beweist das.

Nach innen dagegen ist die Macht der zentralen Außenhandelslenkung gewaltig. Gegenüber reinen Exportindustrien hat sie ein volles Nachfragemonopol. Und in allen anderen Fällen, in denen zugleich für den Export und den Inlandsmarkt produziert wird, hat sie zwar eine schwächere Stellung, die sie aber jederzeit durch Andienungszwang usw. ausbauen kann. Entsprechendes gilt für ihre Stellung als alleiniger Anbieter ausländischer Waren. — Die Leitung der Devisenbewirtschaftung kann also das gesamte Leben der Volkswirtschaft nachhaltig beeinflussen, in den Fällen, in denen diese Wirtschaft in hohem Maße auslandsabhängig ist, sogar beherrschen.

Die Anwendung der Theorie kann nicht exakt zeigen, welcher Gebrauch von der Macht unter gegebenen Bedingungen gemacht wird. Sie kann nur den bestehenden Spielraum der möglichen Machtausübung erkennbar machen. Jedoch erscheint eins sicher: Eine nationale Außenhandelslenkung wird ihre Macht jedenfalls nicht absichtlich zum Nachteil der eigenen Volkswirtschaft ausnützen. Sondern allenfalls durch ihre Unfähigkeit, richtig zu steuern, werden Nachteile gegenüber dem freien Außenhandel zustandekommen. Nach außen dagegen wird sie bestrebt sein, von ihrer Macht vollen Gebrauch zu machen.

Genau umgekehrt ist es bei fremdgelenktem Außenhandel. Hier wird sich die Ausnützung der Macht sicher nicht nach außen richten, sondern allenfalls nach innen gegen die beherrschte Volkswirtschaft, wobei wiederum ein sehr breiter Spielraum besteht. Und zwar von der Politik einer rücksichtslosen Durchsetzung fremder Interessen bis zu der des redlichen Vormundes. Im Laufe der letzten Zeit hat sich zweifellos in der Außenhandelspolitik gegenüber der Doppelzone eine gewisse Verschiebung in der Richtung auf die Politik des redlichen Vormundes vollzogen. Das ist erfreulich, aber nicht sehr wesentlich. Denn für die unzulänglichen Ergebnisse des Außenhandels ist ja nicht nur die faktisch geübte Politik der „JEIA" von Bedeutung gewesen, sondern die Existenz dieses fremdgesteuerten Systems hat eine lähmende Wirkung gehabt und wird sie auch in Zukunft haben. Welcher Unternehmer kann zum Aufbau einer auf den Auslandsabsatz zugeschnittenen Produktion größere Mittel wagen, solange der Genehmigungszwang für größere Exportkontrakte ihn mit einem unerträglichen Risiko belastet?

In dieser Frage zeigt sich schon der Zusammenhang der Außenhandelsordnung als Ursache der Stagnation mit den in der Veränderung unserer Wirtschaftsstruktur begründeten Hemmnissen. Es ist in verschiedenen statistischen Darstellungen von deutscher Seite schon nachgewiesen worden, daß auch noch die Bestimmungen des revidierten Industrieplans die Produktion bevorzugt in den Bereichen

beschränken, in denen sie für den Export wichtig wäre. Es ist müßig, darüber zu diskutieren, ob dies geschah, um den deutschen Export zu treffen, dem Sicherheitsbedürfnis Rechnung zu tragen, oder, um aus dem Abbau der die Quoten übersteigenden Kapazitäten Reparationsleistungen zu gewinnen. Sicher ist jedenfalls, daß diese Maßnahmen die Exportmöglichkeiten stark herabgemindert haben. Ebenso die Auslieferung der deutschen Patente und die laufende Überwachung der Industrieforschung.
Strukturelle Maßnahmen in Verbindung mit der uns auferlegten Ordnung der Außenwirtschaft sind die beiden Ursachengruppen, die bisher einen Wiederaufbau des Außenhandels verhindert haben. Während mit der Strukturpolitik ein guter Teil unserer Exportkraft gleichsam an der Wurzel ausgerottet worden ist, stellt die Außenhandelsordnung ein System von Ventilen dar, durch das sich nicht nur der Außenhandel, sondern über den Außenhandel fast die gesamte Wirtschaft Westdeutschlands indirekt lenken läßt.
Soviel zur Frage der Ursachen der unzulänglichen Entwicklung des westdeutschen Außenhandels. Ich zweifle nicht daran, daß diese Erklärung sehr lückenhaft und unvollkommen ist. Es kam mir jedoch nur darauf an, die Punkte in der Erklärung einigermaßen herauszuheben, die für die Therapie, für die Behandlung der Probleme einer konstruktiven Außenhandelspolitik, wichtig sind.
Was müßte geschehen, um zu einem gesunden Außenhandel zu kommen? Die Diskussion dieser Frage ist insbesondere seit der Durchführung der Währungsreform in Gang gekommen. Sie steht neben oder in Verbindung mit den Erörterungen über die Demontage durchaus im Vordergrund der Interessen. Der Zusammenhang des Außenhandelsproblems mit der Währungsreform ist einleuchtend. Gemessen am bisherigen offiziellen Preisstand war die Ausgabe von D-Mark zu reichlich dosiert, insbesondere nachdem jetzt auch noch der zweite Teil der Kopfquote ausgeschüttet ist. Infolge der Quantität der Ausgabe und der einseitigen Einschleusung auf der Seite des Konsums zeigen sich im teilweise befreiten Preissystem erhebliche Spannungen. Der partiell sehr erhebliche Preisauftrieb hat Unzufriedenheit ausgelöst. In erheblichem Umfang ist der Preisauftrieb aber auch zur Auslösung einer Unzufriedenheit mißbraucht worden, indem man der verbreiteten Vorstellung nicht entgegengetreten ist, der Beibehaltung der bisherigen Löhne müßte auch die Beibehaltung der bisherigen Preise entsprechen. Wie dem auch sei: Die Preis-Lohn-Schraube droht in Gang zu kommen, und zur Abwehr dieser Gefahr wird nach Abhilfemöglichkeiten Ausschau gehalten, die dem Ansteigen gerade der für den Massenkonsum wichtigen Preise Einhalt gebieten können.

Dabei richtet sich der Blick selbstverständlich in erster Linie auf die Einfuhr. Sie ist normalerweise das Mittel, um bei partiellen Steigerungen der Nachfrage den zuwachsenden Bedarf mindestens vorübergehend, bis zum Anlaufen einer wachsenden eigenen Produktion, zu decken. Die Bewältigung dieser Anforderungen setzt eine elastische, auf Preisänderungen schnell reagierende Organisation der Einfuhr und des Außenhandels überhaupt voraus, denn es kommt darauf an, daß nicht nur die Einfuhr, sondern — zur Erzielung der notwendigen Gegenleistungen — auch die Ausfuhr schnell reagiert. Die bestehende Organisation unseres Außenhandels im System einer fremdgesteuerten Devisenbewirtschaftung kann diesen Anforderungen unmöglich genügen. Auch die Einfuhren der Kategorie A und aus dem Marshall-Programm können die aufgetretenen Probleme nicht lösen, weil die Verwendung dieser Mittel teils auf lange Sicht festgelegt ist, vor allem aber, weil wir über die Art der Verwendung dieser Mittel nicht zu bestimmen haben.

Man hofft jetzt, wie die Nachrichten der letzten Wochen zeigen, durch Umbau und Lockerungen in der bisherigen Außenhandelsordnung eine Organisation zu schaffen, die anpassungsfähiger ist und eine Ausdehnung des Außenhandels zuläßt. Die Aufhebung der Dollarklausel ist von den Besatzungsmächten in Aussicht gestellt, während zugleich ein europäisches Zentralclearing zwischen den Marshallplan-Ländern geplant ist, das unter Umständen schon am 1. Oktober die Arbeit aufnehmen soll. Der Ausschuß für Außenhandel im Länderrat hat sich für eine Erhöhung des Exportbonus A von 5 auf 20 Proz. ausgesprochen. Die deutschen Stellen sind bestrebt, in Verhandlungen mit den Besatzungsmächten eine Vereinfachung des Außenhandelsverfahrens durch Beschränkung der JEIA-Kontrollen zu erreichen.

Diese Vorschläge und Bestrebungen sind zweifellos gut gemeint, wenn man von dem Europa-Clearing absieht, dessen zu erwartendes Dollar-Defizit nach den Planungen in Paris durch Verminderung der ERP-Hilfe für Westdeutschland abgedeckt werden soll. Aber sie berühren in keiner Weise die entscheidenden Ursachen der Unzulänglichkeit unseres Außenhandels, die ich in der Analyse herauszustellen versuchte. Als vordringlichste Maßnahme einer wirksamen Therapie ist vielmehr die Herstellung eines Gleichgewichtswechselkurses anzusehen. Durch diesen Wechselkurs würde nämlich ein Gleichgewicht der internationalen Nachfrage hergestellt, das die Devisenbewirtschaftung überflüssig macht.

Gegen diesen Vorschlag, den ich vertrete, sind schon zahlreiche Bedenken vorgetragen worden. Vor allen Dingen steht er im Gegensatz zu den Auffassungen des Internationalen Währungsfonds, die von dessen Direktor, dem Belgier *Camille Gutt,* bei verschiedenen Gelegenheiten geäußert worden sind. Er ist der Ansicht, daß Länder, deren Versorgung mit Waren noch nicht genügend ist, die deshalb einen ungeheuren Warenhunger haben und zugleich für eine Ankurbelung des Exports noch nicht genügend gerüstet sind, einen Gleichgewichtswechselkurs nicht haben sollten, sondern einen überhöhten Kurs, der ihnen eine billige Einfuhr erlaubt.

Gutt begründet seinen Standpunkt, der besonders auf die deutschen Verhältnisse zugeschnitten ist, damit, daß der Gleichgewichtswechselkurs in den Wiederaufbauländern sehr tief liegen müßte. Das Gleichgewicht am Devisenmarkt käme also diesen Ländern sehr teuer zu stehen. — Man kann das Argument von *Gutt* auch so fassen: Er nimmt an, daß in den Ländern, deren Produktion sich noch nicht wieder hinreichend erholt hat, die Nachfrage nach Importgütern sehr unelastisch ist, ebenso das Angebot von Exportgütern. Wenn es so ist, müßte daraus in der Tat ein sehr erheblicher Rückgang des Wechselkurses erwachsen, der die Einfuhrgüter sehr teuer und, vom Ausland her gesehen, die Ausfuhrgüter sehr billig macht. Die naturalen Austauschrelationen, die *barter terms of trade,* würden sich dabei unter Umständen so weitgehend verschlechtern, daß für eine wesentlich erhöhte Menge von Exportgütern doch nur eine unveränderte Menge von Importgütern gekauft werden könnte.

Das Argument von *Gutt* erscheint auf den ersten Blick sehr einleuchtend. Sicher ist es besser, billig einzukaufen und teuer zu verkaufen, als umgekehrt. Und vom deutschen Standpunkt aus könnte man noch ergänzend hinzufügen: Also bleiben wir am besten solange irgend möglich beim überhöhten Verrechnungskurs von 30 Dollar-Cents. Dann bleibt zwar unsere Ausfuhr bescheiden. Aber solange aus den Überbrückungskrediten der Kategorie A und aus der Marshall-Hilfe unsere lebensnotwendige Einfuhr zu drei Viertel bezahlt wird, ist die Steigerung unserer Ausfuhr gar nicht so wichtig. Und es ist immer noch früh genug, den Kurs der D-Mark dann herabzusetzen, wenn der Internationale Währungsfonds diese Forderung stellt oder wenn die Besatzungsmächte zum Zweck der Verminderung ihrer Kredite einen schlechteren Markkurs festlegen, der den Export anregen soll.

Trotzdem der Gedankengang sehr einleuchtend erscheint, sollten wir — so glaube ich — ihm nicht zustimmen. Einerseits trägt er den besonderen Bedingungen unserer Lage nicht Rechnung. Vor allen Dingen hat aber das Argument eine erstaunliche Ähnlichkeit und Verwandtschaft mit der großen Verirrung im ökonomischen Denken, welche die Welt immer wieder heimgesucht und besonders in der Gegenwart verheerende Wirkungen gehabt hat. Diese Irrlehre lautet, auf den allgemeinsten und kürzesten Ausdruck gebracht: Was knapp ist, soll billig sein. In zahllosen Anwendungsfällen begegnet uns dieser Grundsatz: Nach dem ersten Weltkrieg in der Festsetzung der Mietpreise. Darauf hat sich die Wohnungszwangswirtschaft sehr lange gehalten, aber die Knappheit an Wohnraum wurde nicht überwunden. Dann in der Kreditpolitik der deutschen Reichsbank unter *Havenstein,* der in der größten Kreditnot die Zinsen niedrig gehalten hat. Dieser kleine Irrtum brachte uns die Inflation und damit die Enteignung aller Sparer. Nach 1933 wurde der Grundsatz in der Kredit- und in der Wechselkurspolitik zur Anwendung gebracht. Die Folge war die Devisenbewirtschaftung und von da aus immer weiter ausgreifend die Zentralverwaltungswirtschaft in der ganzen Volkswirtschaft. Das Experiment des Nationalsozialismus, von *Keynes* theoretisch untermauert, hat inzwischen die Lehre von der monetären Vollbeschäftigung gezeugt. Sie hat, durch *White* in geringem Umfang verdünnt, die Grundsätze der Internationalen Währungsunion bestimmend beeinflußt. Seit Bretton Woods ist das chronische Defizit der Zahlungsbilanz gewissermaßen hoffähig geworden, indem den Volkswirtschaften durch die Währungsunion die Sorge um den Ausgleich ihrer Zahlungsbilanz in erheblichem Umfang abgenommen worden ist. Es ist also nicht mehr unbedingt notwendig, sich nach der Decke zu strecken. Sondern, da von deflatorischer Kreditpolitik einzelner Länder nach den Erfahrungen der Krise von 1929 an schwere Gefahren für die Vollbeschäftigung in der übrigen Welt ausgehen können, soll sie möglichst unterbleiben. Ebenso sollen auch häufige Änderungen der Wechselkurse im Interesse möglichster Stabilität vermieden werden.

Aus den geschilderten Ideen heraus muß man wohl den gutgemeinten Vorschlag von *Gutt* verstehen, den Verrechnungskurs der D-Mark zunächst nicht zu verschlechtern. Westdeutschland soll die Wohltat niedrigerer Importgüterpreise noch zuteil werden, bis seine Leistungsfähigkeit als Exportland einigermaßen hergestellt ist.

Bedeutet der Vorschlag wirklich eine Wohltat? Wenn man mit *Gutt* annimmt, daß eine Verbilligung der deutschen Exportgüter für den ausländischen Käufer auf kürzere Sicht keine nennenswerte Steigerung der Ausfuhr mit sich bringt, dann würde in der Tat unsere Einfuhr wesentlich teurer. Unterstellt man einen Gleichgewichtswechselkurs von etwa 20 Dollar-Cents, dann könnte mit den jetzigen Exporten nur noch eine um ein Drittel verminderte Importmenge der Kategorie B (Importe finanziert durch eigene Exporte) bezogen werden. Auf die Mengen der übrigen Importe hätte die Abwertung keinen Einfluß, denn die Finanzierung erfolgt in Dollar. Da diese Importe aber nach einer Abwertung mit größter Wahrscheinlichkeit auch zum verschlechterten Umrechnungskurs in den deutschen Inlandsverkehr gegeben würden, müßte von der Einfuhr in ganzer Breite eine preissteigernde Wirkung ausgehen. Diese Folge wäre im Zeichen der ohnehin drohenden Preis-Lohn-Schraube zweifellos sehr unerwünscht. — Aber diese Rechnung stimmt nicht.

Sie stimmt genau so wenig wie die Überlegungen, die man 1933 und 1934 angestellt hat, um die Sinnlosigkeit einer Abwertung zu begründen. Man ging auch damals von der Vorstellung aus, daß eine Abwertung der Mark zu einer Welle der Preissteigerung von den Importpreisen her führen würde. Und man glaubte überdies, durch Nichtabwertung billig importieren und teuer exportieren zu können. Zunächst, bis Ende 1934, waren in der Tat die naturalen Austauschrelationen außerordentlich günstig für Deutschland. Aber um den Preis einer sich stetig verringernden Ausfuhr. Und man mußte schließlich im Zusatzausfuhrverfahren die überhöhten Inlandspreise auf das Weltmarktpreisniveau herunterschleusen, um den durch den überhöhten Wechselkurs der Mark zerstörten Kontakt mit dem Weltmarkt wieder herstellen. Der durchschnittliche Satz der Zuschüsse an die Exporteure entsprach mit rund 25 Proz. etwa der künstlichen Überbewertung der Mark.

Unter ungleich günstigeren Verhältnissen konnte Deutschland damals der Notwendigkeit der preismäßigen Anpassung nicht entgehen. Günstig in diesem Sinne war der Übergang zum bilateralen Verkehr, insbesondere mit den südosteuropäischen Ländern, die gegen Abnahme ihrer Agrarerzeugnisse bereit waren, relativ hohe Preise für die deutschen Fertigwaren zu zahlen. Günstig war der Umstand, daß Deutschland damals über eine intakte, durchrationalisierte Exportgütererzeugung und ferner über Patente, Geheimverfahren, in der Welt eingeführte Warenzeichen usw. verfügte, was dem deutschen Export eine starke Stellung an den Märkten gab. Es galt also mehr oder minder nur, einen bestehenden hohen Stand der Außenhandelsverbindungen möglichst zu halten. Und dabei war die in der Machtanwendung nach außen gerichtete Devisenbewirtschaftung eine starke Stütze.

Heute muß die Exportwirtschaft in jeder Hinsicht neu anfangen. Und zwar auf der Basis einer Industriestruktur, bei deren Beschneidung die Notwendigkeit eines aus vielen Gründen relativ viel größeren Außenhandels nicht berücksichtigt ist. Sie wird ohne preismäßige Anpassung keine Entwicklung haben, ja nicht einmal den bisher erreichten Stand halten können. In irgendeiner Form muß deshalb, wenn der überhöhte Kurs gehalten wird, ein Ausgleich gefunden werden. Ganz gleichgültig, welche Form man da wählt, ein neues Zusatzausfuhrverfahren nach dem alten Muster, eine Erhöhung des Export-

bonus oder andere Subventionen: wenn sie wirksam sein soll, wird sie auch etwas kosten. Und zwar rund und grob gesagt, genau soviel wie man andererseits bei der billig gehaltenen Einfuhr spart.
Es ist zuzugeben, daß in der Zeit nach Inkrafttreten des „Neuen Plans" das Zusatzausfuhrverfahren billiger war als eine seiner Wirkung entsprechende generelle Abwertung. Durch die nach Warenarten und nach der Richtung der Ausfuhr vorgenommene Differenzierung der ZAV-Sätze wurden die Konsumentenrenten zugunsten Deutschlands abgeschöpft, die bei einer generellen Abwertung der ausländische Käufer bekommen hätte. Um diese Differenzierung durchsetzen und durchhalten zu können, war aber die volle Ausnützung der in der zentralen Außenhandelslenkung gegebenen Machtposition erforderlich. Heute können wir wohl schwerlich erwarten — und wünschen es auch nicht —, daß etwa die Militärregierungen zugunsten Westdeutschlands eine aggressive, diskriminierende Export-Subventionspolitik treiben werden, um die Kosten einer indirekten Abwertung zu verringern. Es unterliegt also keinem Zweifel, daß uns durch Nichtabwertung nichts geschenkt wird.
Auch der zweite Einwand, der scheinbar gegen den Übergang zum Gleichgewichtswechselkurs spricht, daß nämlich von ansteigenden Einfuhrpreisen eine allgemeine Preissteigerung droht, ist völlig unhaltbar. Er entspringt denselben naiven, zahlungsbilanztheoretischen Vorstellungen, die in der deutschen Inflation zu der Behauptung geführt haben, daß die Geldentwertung vom schlechten Wechselkurs verursacht würde. Das war damals eine Interessentheorie vom reinsten Wasser: Die Reichsbankleitung hat sie vertreten, um die Verantwortung von ihrer Geldpolitik abzuwälzen. Und diejenigen Kreise in der Wirtschaft, die an den leicht zu erreichenden Geldentwertungsgewinnen interessiert waren, haben sie auch vertreten. Auch heute wird die naive Zahlungsbilanztheorie zahlreichen Interessenten Freude machen: In allen Bereichen, in denen seit der Währungsreform die Preisbildung frei ist, entsprechen die Preise der Knappheit der Güter. Und die Preise haben sich in erheblichem Umfang von den Kosten gelöst. Soweit das der Fall ist, würde durch Verteuerung von Importrohstoffen nicht der Preis erhöht, sondern die Differentialrente vermindert. Eine Politik, die auf unbedingte Stabilisierung der Importgüterpreise abzielt, wird deshalb sicher von denjenigen begrüßt werden, die an einer Konservierung ihrer Renten interessiert sind.
Grundsätzlich aber läßt sich zu dem Einwand der inflatorischen Gefahr aus einer Verschlechterung des Kurses sagen, daß sie einfach den Kausalzusammenhang auf den Kopf stellt. Nicht der Wechselkurs bestimmt das Preisniveau, sondern die Geldschöpfung. Wenn

die für unsere Geldpolitik Verantwortlichen nicht der Konstatierungstheorie huldigen und nicht der Ansicht sind, daß sie auf Grund partieller Preissteigerungen einen wachsenden Bedarf des Verkehrs an Geld befriedigen müssen, dann kann zwar die Verschlechterung des Wechselkurses — genauer die Normalisierung des Wechselkurses von einem überhöhten Stand zum Gleichgewicht — partielle Preissteigerungen mit sich bringen. Sie werden aber durch Preissenkungen in anderen Hinsichten kompensiert, weil das Preisniveau als Ganzes nicht ansteigen kann. Sollte es aber ansteigen, weil die Geldpolitik nachgiebig ist, dann bestehen zwischen Kurssenkung und Subventionen nicht die geringsten Unterschiede im Einfluß auf das Preisniveau. Auch die Subventionen müssen irgendwo hergenommen werden und schlagen sich dann als Kosten- und Preissteigerungen nieder. Selbst der Exportbonus, dieses vermeintliche Ei des Kolumbus, hat nur dadurch und insoweit die gewünschte Wirkung einer Subvention, als der Empfänger die Differenz zwischen den niedrigen Importgüterpreisen und den hohen Inlandspreisen realisieren kann. Die — je nach dem Verhalten der Geldpolitik — partielle oder allgemeine Preissteigerung wird durch Subventionspolitik anstatt Kursnormalisierung nur verlagert, aber nicht verhindert.

Es bleibt von der uns zugedachten Wohltat eines Außenhandels mit überhöhtem Kurs nicht viel, wenn man etwas unter die Oberfläche der Zusammenhänge eindringt. Aber damit sind die wichtigsten Einwendungen noch gar nicht berührt worden. *Gutt* begründet seinen Vorschlag auch damit, daß vor der Kursnormalisierung erst die genügende Entwicklung der Exportkraft abgewartet werden müßte. Er glaubt also, daß die innere Entwicklung der Wirtschaft mindestens für eine gewisse Zeit vom Außenhandel, von der Mehrzufuhr von Rohstoffen und Halbwaren unabhängig sei. Das mag für die Vereinigten Staaten, die Sowjetunion und solche Länder zutreffen, die wachsende Einfuhren durch Auslandskredite finanzieren können oder sich im Zuge der Entwicklung auf Autarkie umstellen wie Deutschland nach 1933. Sie können — wie die Erfahrung gezeigt hat — die Produktion weit über die relative Entwicklung der Einfuhr hinaus vortreiben. Westdeutschland dagegen hat unter den gegenwärtigen Bedingungen den strammsten Zusammenhang zwischen Außenhandel und innerer Produktion, den man sich vorstellen kann. Ja, es ist sogar aus einer Berechnung des gegenwärtigen Anteils der Einfuhr am Sozialprodukt im Verhältnis zum Anteil des Einfuhrsolls zum höchstmöglichen Sozialprodukt, das den mittleren europäischen Lebensstandard zuläßt, ohne weiteres festzustellen, daß im Verlauf der Entwicklung der Index der Einfuhr schneller ansteigen müßte als der Index der inländischen Gesamterzeugung. Es besteht also eine überproportional wachsende Abhängigkeit der Produktion von der Einfuhr. Da uns der Ausweg in die Autarkie verwehrt ist, hängt eine weitere Aufwärtsentwicklung der Produktion von steigenden Auslandskrediten oder von eigenen Exportanstrengungen ab. — Die Exportkraft wird durch einfaches Abwarten also keineswegs wachsen, sondern sie muß — da Auslandskredite als Grundlage der Produktion auf die Dauer kein gutes und sicheres Fundament sind — durch die geeigneten Mittel entwickelt werden.

Die Frage der Mittel einer Exportförderung führt sofort wieder zu der Forderung des normalisierten Wechselkurses und zugleich zu einer weiteren Forderung von ausschlaggebender Bedeutung — der Forderung nach Freigabe unseres Außenhandels im Sinne einer vollständigen Beseitigung der Devisenbewirtschaftung und der als Lenkungsinstrument verwendeten Außenhandelskontrolle der Militärregierung. Es interessiert in diesem Zusammenhang nicht, ob aus irgendwelchen anderen Gründen die Zeit zur Aufstellung dieser beiden Forderungen noch nicht gekommen ist. Aus wirtschaftlichen Gründen ist die Freiheit unseres Außenhandels beim Gleichgewichtswechselkurs jedenfalls seit der Durchführung der Währungsreform eine unumgängliche Notwendigkeit geworden. Und zwar eine Notwendigkeit mindestens ebensosehr im Interesse der Besatzungsmächte wie in unserem eigenen.

Der Außenhandel wird betrieben oder sollte betrieben werden, um die produktiven Kräfte in den beteiligten Volkswirtschaften den nützlichsten Verwendungen zuzuführen. Diese Ausrichtung ist im Rahmen der bestehenden Außenhandelsordnung mit überhöhtem Wechselkurs unerreichbar, weil sie für den Unternehmer falsche Plandaten setzt. Die deutschen Produktionskosten erscheinen zu hoch und die ausländischen zu niedrig. Aber selbst. wenn der Wechselkurs richtig liegt und dadurch klare Verhältnisse für die Wirtschaftsrechnung geschaffen sind, muß Gewähr gegeben sein, daß Ein- und Ausfuhr entsprechend der Rechnung durch die beiderseitige Nachfrage der risikotragenden Unternehmer gelenkt werden können. Das ist nicht möglich im Rahmen einer Außenhandelsordnung, in der jederzeit andere Interessen zur Geltung gebracht werden können. Auch die Freiheit der Konsumwahl, eines der elementarsten Menschenrechte, kann nicht an den Landesgrenzen haltmachen.

Was der deutsche Außenhandel und darüber hinaus die deutsche Volkswirtschaft braucht, ist der volle arbeitsteilige Anschluß an die Weltwirtschaft in einer freien Ordnung des Außenhandels anstelle einer zentralen Lenkung, die auch beim besten Willen nicht richtig, d. h. nicht nach dem wirtschaftlichen Prinzip lenken kann. Je schneller uns eine freie Ordnung zugestanden wird, desto eher wird sich Westdeutschland wirtschaftlich aus eigener Kraft erhalten und die Hilfe des Auslandes entbehren können. Wird uns diese Ordnung aber versagt, dann kann mit Sicherheit vorausgesagt werden, daß die Ansätze zu einer marktwirtschaftlichen Ordnung, die uns die Währungsreform ermöglicht hat, sich nicht halten, geschweige denn weiterentwickeln können. Spätestens dann, wenn im Rahmen des zentralgeleiteten Außenhandels größere Anstrengungen zur Steigerung des deutschen Exports unternommen werden müssen, wird die Zentralverwaltungswirtschaft wieder vordringen und die jetzt freigeräumten Bereiche überwuchern. Ich glaube, daß dies einige Rückwirkungen auf die jetzt im Gange befindliche Schlacht um Deutschland haben würde. In wirtschaftlicher Hinsicht kann der Unterschied zwischen der westlichen Welt und dem Osten nicht in der Höhe der Rationen liegen, sondern letzthin darin, ob überhaupt rationiert wird oder nicht, d. h. ob das Individuum der Allmacht der Obrigkeit ausgeliefert ist oder nicht.

Das Außenhandels-Soll, von dem ich bei meinen Ausführungen ausgegangen bin, wird unter den Beschränkungen des revidierten Industrieplans auch bei freiester Außenhandelsordnung unerreichbar bleiben. Damit auch der mittlere europäische Lebensstandard für das deutsche Volk. Es steht nur zu hoffen, daß die Beschränkungen dieses Plans durch die Einsicht fallen werden, daß damit nicht nur uns, sondern auch der europäischen Wirtschaft schwere Beschränkungen und den Vereinigten Staaten schwere Belastungen auferlegt worden sind.

Geheimrat Professor Dr. ADOLF WEBER (München):

Meine Damen und Herrn!

Wir haben unserem Herrn Referenten für seinen außerordentlich instruktiven Vortrag herzlich zu danken. Das interessante Zahlenmaterial möchte ich noch durch eine Ziffer ergänzen, die den Ernst der Sache verdeutlicht. Man hat Deutschland neuerdings das zweite England genannt wegen der dicht gedrängten Bevölkerung, die auf einen stark gesteigerten Export angewiesen sei. Nun war es so, daß im Jahre 1932 der Export der Fertigwaren wertmäßig in Deutschland nicht unwesentlich über demjenigen Großbritanniens lag, 1937 hielten sich die beiden Ziffern, hüben und drüben, ungefähr die Waage, während im laufenden Jahre, auch im günstigsten Falle, ein Verhältnis wie 50 : 1 kaum zu erreichen sein wird. Das Problem des internationalen Zahlungsverkehrs wird dadurch kompliziert, daß auch der Dollar keine feste Größe ist. Die amerikanische Wirtschaft macht sich große Sorgen wegen offenkundiger inflationistischer Bewegungen. Die Forderung des leider nur sehr kurzfristigen französischen Finanzministers *Reynaud,* der Dollarpreis für Gold müßte hinaufgesetzt werden, hatte einen sehr guten Sinn. Besonders interessant waren die Auseinandersetzungen des Referenten mit *Camille Gutt.* Dabei hatten wir wohl alle das Gefühl, daß neben dem Durchdenken der Probleme auf lange Sicht die Betrachtung auf kurze Sicht nicht außer Acht gelassen werden darf. Auch sind wir gezwungen, zuzugeben, daß politische Gesichtspunkte z. Z. eine besondere Rolle spielen müssen, weil Deutschland derzeit nicht einmal in der Lage ist, auch nur das physiologische Existenzminimum sicherzustellen; das ist ja nicht bloß eine Kalorienfrage, es handelt sich dabei auch um die Bereitstellung der erforderlichen Mittel für Kleidung und Wohnung.

Nachmittagssitzung am 15. September 1948

Der Verhandlungsleiter Geheimrat Professor Dr. *Adolf Weber* eröffnet die *Aussprache* und gibt das Wort an Professor Dr. *Carl Brinkmann:*

Professor Dr. CARL BRINKMANN (Tübingen):

Es ist nicht ganz leicht, zu diesem schönen und klugen Referat Stellung zu nehmen. Für mein Gefühl ist es in zwei ganz verschiedene Elemente zerfallen. Das eine ist — worüber kein Deutscher mit einem Landsmann streiten wird — die Zurückweisung der fremden Ingerenz in unserer Wirtschaft, durch die sich unsere arbeitswirtschaftliche Wiedereingliederung verfahren hat. Es kann nicht früh genug der freien Entfaltung deutscher Initiative Platz gemacht werden, um weiteren Schaden zu verhüten, der weit über das hinausgeht, was man beim *Morgenthau*-Plan als unser Verderben angesehen hat. Das andere Element, das bestritten werden könnte, ist die Annahme, daß jetzt der Augenblick nicht nur einer Befreiung von ausländischer Ingerenz, sondern auch zum Übergang von der gelenkten Wirtschaft zur freien da ist, oder daß die heutige Zeit in ihrer Not — inländischer und ausländischer — überhaupt geeignet wäre, zur freien Wirtschaft überzugehen.

Wenn wir die Binnenwirtschaft ansehen, so sind bei der Währungsreform genau die Schäden eingetreten, die wir vorausgesagt haben. Es sind schwere Nachteile entstanden, und die Frivolität, mit der in Frankfurt gesagt wird, die Sache sei „überraschend" geglückt, erinnert an bekannte Äußerungen nationalsozialistischer Machthaber. Man darf solche Dinge nicht unwidersprochen hinnehmen. Bei der

Währungsreform ist nicht überlegt worden, daß es hinter dem Gelde die Kreditfrage gibt. Probleme tauchen auf, die den Herren über den Kopf zu wachsen drohen. Daß z. B. ein von der Länderbank gelenktes privates Bankwesen die letzte Entscheidung über die Produktion der angekurbelten Unternehmen treffen könne, halte ich für eine Illusion. Deutschland muß in den Welthandel wieder eingeschaltet werden. Aber Ausdrücke wie „gleichgewichtige Wechselkursbildung" scheinen mir vorläufig problematisch, die Realität der Sache ist noch nicht klar. Selbst wenn behauptet wird, daß nur durch Befreiung eine Steigerung der Außenhandelskapazität möglich ist, so steht dies nicht im Einklang mit der internationalen Theorie. Überall, z. B. in England, Skandinavien, ist man überzeugt, daß es noch lange dauern wird, bis wir uns eine freie Wechselkursbildung gestatten können. Im Referat wird davon gesprochen, daß alle Nachfragen im Import unmöglich von einer Zentralstelle aus übersehen werden können. Aber die Entscheidungen, die getroffen werden müssen, brauchen nicht „bürokratische" zu sein, sie können durch das „Abfragen" hauptsächlicher Bedürfnisse, ex ante, gerechtfertigt sein. Die Entwicklung muß dann freilich für einen bestimmten Zeitraum festgelegt werden. Die andere Möglichkeit ist, daß Einzelunternehmen aus vorhandenen Konsumwaren anbieten und aus Importnachfrage Erfahrungen sammeln. Statt dessen findet in Wirklichkeit eine wachsende Zusammenfassung der Importe und Exporte auch in den privaten Unternehmungen statt. Gerade nach der Währungsreform werden die kleinen Unternehmen zunehmend ausgeschaltet, der Handel wird nicht mit Unrecht als „funktionsunfähig" bezeichnet, und damit nähern wir uns von der umgekehrten Seite einer sehr zentralen Bewirtschaftung. Ich möchte daher schon hier vor „konkurrenzwirtschaftlichen" Experimenten warnen, da ein zu großer Schritt nach vorwärts viele kleine Schritte nach rückwärts mit sich bringen kann.

Interessant war, was über die Außenbeziehungen der Länder in dem Referat gesagt wurde. Die sogenannte Marktformenlehre wurde dabei als bewiesen angenommen. Es wurde aber zugestanden, daß private Monopole im Außenhandel grundsätzlich den staatlichen unterlegen sind und daß ein Gesamtangebot von Ausfuhr und eine Gesamtnachfrage nach Einfuhr gewisse Vorteile gegenüber einer zersplitterten Aus- und Einfuhr habe. Es wurde aber dabei zu Unrecht unterstellt, etwa daß beim Größenvergleich der Gesamtangebote die Bedeutung auch des mächtigsten Export-Importlandes so klein sei, daß Effekte dadurch nicht erzielt werden können. Gerade ein Land, das seine Binnenwirtschaft aufbaut und seine Exportkraft entwickeln muß, muß und kann lenkungswirtschaftlich für reichen Außenwirtschaftsumsatz sorgen. Es kann so sein, daß hinter uns eine große Periode liegt, in der es anders war, nur habe ich begründete Zweifel, ob es im 20. Jahrhundert überhaupt, besonders in einer so außerordentlich abnormen Wirtschaft wie der gegenwärtigen deutschen, anders als so sein kann. Schon *Adolf Weber* hat den entscheidenden Unterschied zwischen kurz- und langfristiger Betrachtung hervorgehoben. Auf lange Sicht kann eine Marktbefreiung vielleicht mehr leisten als eine wohlerwogene Lenkung, nicht aber heute auf kurze Sicht. Gefühlsmäßig würden alle auf der Seite der Befreier stehen, wie *Woldemar Koch* neulich gesagt hat: Eine gewisse platonische Sympathie ist dem sicher, der für Wirtschaftsbefreiung eintritt. Man darf aber nicht auf Grund von Gefühlen Theorie treiben, sondern muß gerade solche Gefühle als Warnungstafel betrachten. Der Wunsch spielt vielen einen Streich, er hat es bei der Geldreform getan und wird es noch tun.

Man muß auch einen Unterschied machen zwischen unserer anomalen Situation und der normalen Situation der Konkurrenzwirtschaft. Man darf aber die Theorie nicht verlassen. Es ist nichts falscher, als gewisse Gedankenbahnen sich festfahren zu lassen und jede andere theoretische Analyse der Erscheinungen zu verbieten. Die ausländischen Befürworter des überhöhten Dollarkurses der Mark haben gewiß andere als deutsche Interessen, aber wir als Deutsche müssen die Gefährlichkeit der Einfuhrverteuerung bei Kurssenkung zugeben. Wir wissen, Wirkungen gehen aus von Wechselkursen auf Preise und von Preisen auf Wechselkurse. Sehr wahrscheinlich geht die Wechselkurswirkung auch praktisch immer im Kreise herum. Allgemein aber ist das Referat so glänzend gewesen, daß es uns fördert, auch wo es zum Widerspruch reizt.

Professor Dr. WALTHER HOFFMANN (Münster):

Herr Kollege *Meyer* ist von der These ausgegangen, daß der Wechselkurs überhöht ist und von 30 auf 25–20 Dollar-Cents gesenkt werden müßte. Woher wissen wir aber, daß der Kurs überhöht ist? Diese quantitative Frage muß noch geklärt werden. Nachdem durch die Geldreform die Diskussion um den künftigen Wechselkurs für die Trizone in Gang gekommen ist, zeigt sich ein sehr unterschiedliches Bild in der Beurteilung der möglichen Wechselkursfestsetzung. Das ist nicht zu verwundern, denn einmal spiegelt sich darin die allgemeine Unsicherheit der Bewertung wirtschaftlicher Größen wieder, die bei der Preisbildung im Inland zu größten Abweichungen führt, zum anderen fehlen nahezu alle Orientierungsmöglichkeiten statistischer Art. Schließlich kommen in den Diskussionen deutlich Interessentenstandpunkte zum Ausdruck, da in der Regel jeder als den richtigen nur den für sein Unternehmen günstigsten Wechselkurs ansieht. Dementsprechend wird die Kursfestsetzung von 30 Cents

= 1 DM viel kritisiert im Sinne einer Über- und Unterbewertung der Mark. Das Schwergewicht der Einwände liegt freilich in Richtung auf eine Heraufsetzung des DM-Preises, wobei im allgemeinen die prozentuale Steigerung einfach roh gegriffen wird. Am weitesten geht die Neue Züricher Zeitung, die interessanterweise auf Grund eingehender Untersuchungen eine Abwertung der Mark um ein Drittel auf 20 cts/DM für zweckmäßig hält.

Wie könnte man überhaupt zu dem „richtigen" Wechselkurs gelangen, und welches sind die tatsächlichen Möglichkeiten der Berechnung auf Grund der gegebenen Bedingungen? Die übliche Methode im Sinne der Kaufkraft-Paritätentheorie besteht in dem Vergleich der Preisveränderungen in zwei Ländern an Hand von entsprechenden Preisindizes, wobei der Quotient aus den Veränderungen zwischen beiden Zeitpunkten mit der Parität des Basisjahres multipliziert wird. Gegen dieses Verfahren erheben sich jedoch für den konkreten Fall Bedenken. Zunächst interessieren überhaupt nur diejenigen Güter, die international gehandelt werden. Viele Konsumgüter, ebenso Wohnung und Dienstleistung kommen nur auf den binnenländischen Markt und scheiden damit aus dem internationalen Vergleich aus. Denn es gilt ja, die Auslandskaufkraft der DM festzustellen, und das heißt nichts anderes, als die Beantwortung der Frage, bei welchem Kurs sich ein Ausgleich der Zahlungsbilanz ergibt, wobei nur die Resteinfuhr ohne Auslandskredite berücksichtigt werden kann. Welche Waren des deutschen Außenhandels könnte man nun überhaupt in Betracht ziehen? Hierbei wird bereits deutlich, daß diese wichtige Voraussetzung für die Abschätzung der Kostenrelation und damit eines angemessenen Wechselkurses kaum gegeben ist. Denn zwar treten in der Einfuhr, von der überhaupt nur ein Teil von deutschen Stellen bezahlt wird, wie in der Ausfuhr Stapelwaren des Welthandels auf, die rein technisch gesehen zwischen In- und Ausland vergleichbar sind, wenn man bei der Einfuhr etwa an Agrarprodukte und industrielle Rohstoffe und bei der Ausfuhr an Kohle, Holz und Schrott denkt. Gerade weil die deutsche Ausfuhr überwiegend Roh- und Kraftstoffe umfaßt, wäre an sich eine leichtere Vergleichbarkeit international gegeben. Man kann aber nicht von international gehandelten Waren im echten Sinne sprechen, da in der Ausfuhr Waren enthalten sind, die keineswegs der Exportstruktur eines modernen Industrielandes entsprechen. Unter normalen Bedingungen kommt demgegenüber der Kostenvergleich von Maschinen, Elektro-Artikeln und Chemikalien in Betracht. Diese Tatsache hängt damit zusammen, daß auch die zweite Voraussetzung nicht gegeben ist, nämlich ein freier Austausch von Gütern und Leistungen. Erst dadurch kann überhaupt die Bedingung erfüllt werden, daß nur Waren eingeführt werden, die nach Preis und Menge sich den heimischen Marktbedingungen anpassen unter gleichzeitiger Berücksichtigung der Tatsache, daß eingeführte Rohstoffe durch ihre Preishöhe die Exportmöglichkeiten garantieren müssen. Es braucht nun kaum wiederholt zu werden, daß weder die Einfuhr noch die Ausfuhr der Trizone der Produktions- und Einkommensstruktur der deutschen Wirtschaft voll entsprechen, sondern weitgehend außerökonomisch bestimmt sind. Das bedeutet, daß ein Vergleich der möglichen Preisveränderungen gegenüber dem Ausland nur mit größten Bedenken durchgeführt werden kann, da sich die Waren zwischen den Ländern doch nicht frei bewegen können.

Selbst wenn man die genannten Schwierigkeiten in Kauf nimmt, bleibt in der gegenwärtigen Lage noch eine Reihe von Bedenken übrig. Um den Wechselkurs so sinnvoll berechnen zu können, daß ein Ausgleich der Zahlungsbilanz schließlich erreicht wird, muß man davon ausgehen, daß auf die Dauer die Kostenveränderungen maßgebend sind. Für ihren Verlauf kommt ein Vergleich der Lohnveränderungen in Betracht. Da die Löhne aber durch die Lebenshaltungskosten mitbestimmt werden, soll zunächst der Index der Lebenshaltungskosten als repräsentativ angesehen werden. Nimmt man als Vergleichsland die Vereinigten Staaten und als Basisjahr 1938 mit einem Markkurs von 40 cts, so würde bei einer Steigerung des amerikanischen Index der Lebenshaltungskosten auf 169 im ersten Halbjahr 1948 eine Zunahme der deutschen Lebenshaltungskosten bis auf 127 möglich sein, wenn man die Parität von 1 DM = 30 Cts als Datum nimmt. Tatsächlich sind aber die Lebenshaltungskosten bis Juli 1948 in der britischen Zone um 38 Proz., in Hessen um 42 Proz. und in Bayern um 36 Proz. gestiegen, d. h. die auf dieser Basis (Britische Zone) errechnete Parität würde einen Markkurs von 32 cts ergeben, der also noch höher ist als der tatsächlich angesetzte Kurs. Da im August (1948) die Lebenshaltungskosten weiter gestiegen sind, würde nunmehr der Kurs sich immer mehr von der festen Parität entfernen und die Ausfuhr erschweren. Auf die Bedenken gegenüber diesem Index der Lebenshaltungskosten kann hier nur kurz hingewiesen werden. Jeder weiß, daß bei diesem Vergleich zwischen amerikanischen und deutschen Lebenshaltungskosten gegen das oberste Gesetz der Statistik verstoßen wird, wonach nur Vergleichbares in eine derartige Gegenüberstellung einbezogen werden darf. Denn was besagt es für die deutschen Lebenshaltungskosten, wenn die Mietausgaben scheinbar konstant geblieben sind, in Wirklichkeit aber für viele durch die zwangsweise Untervermietung von Räumen gesunken, für manche andere aber durch die Qualitätsverschlechterung wesentlich gestiegen sind? Dieser Einwand der qualitätsmäßigen Unvergleichbarkeit gegenüber 1938 einerseits und gegenüber den Vereinigten Staaten andererseits gilt ganz besonders für alle anderen Güter der Haushaltsausgaben, wie Nahrungs- und Genußmittel, Bekleidung und Hausrat. Wollte man dem Tatbestand der im Durchschnitt minderen Qualität der heutigen Konsumgüter in Deutschland gerecht werden, so müßte man die Lebenshaltungskosten entsprechend höher ansetzen, d. h. den Dollar höher bewerten, als es dem gegenwärtigen Kurs entspricht.

Angesichts der Unzulänglichkeit dieses Vergleichs liegt es nahe, direkt auf die Entwicklung der Löhne als wichtigsten Kostenfaktor zurückzugreifen. Damit ergibt sich aber die noch größere Schwierigkeit, daß die für die Berechnung zugrundezulegenden Lohnsätze als gebundene Löhne in den einzelnen Branchen keineswegs den tatsächlichen Knappheitsverhältnissen entsprechen, wenn man den Lohn nicht überhaupt als primär sozial bestimmten Faktor, sondern unter diesen Kostengesichtspunkten sehen will. Da außerdem die Lohnsatzveränderungen in jüngster Zeit sehr unterschiedlich vorgenommen worden sind und von der Möglichkeit der 15 proz. Erhöhung nur teilweise Gebrauch gemacht worden ist, wäre ein gewogener Lohnindex erforderlich, um überhaupt einen Anhaltspunkt zu gewinnen. Dafür fehlen aber die Unterlagen. Aber noch aus einem anderen Grunde wird die Aufgabe der Wechselkursbestimmung durch Rückgriff auf die Löhne nicht leichter. Denn denkt man etwa an einen Vergleich der Lohnentwicklung zwischen den Vereinigten Staaten und Deutschland von 1938 bis zur Gegenwart, so besagt die Veränderung der Nominal-Lohnsätze wenig für die vergleichsweise Entwicklung der Realkosten. Entscheidend ist die Frage, welche Menge der international gehandelten Güter mit einem bestimmten Lohn produziert wird, d. h. je niedriger die Technik in einem Lande ist, um so niedriger müssen die Löhne sein, wenn internationale Konkurrenzfähigkeit angestrebt werden soll. Die deutschen Nominallöhne sind im Vergleich mit 1938 gegenwärtig höher. Die Stundenlöhne in der amerikanischen Industrie sind bis zum ersten Halbjahr 1948 um 106 Proz. gestiegen. Während aber in dem gleichen Zeitraum die Effizienz des amerikanischen Industriearbeiters grob gerechnet um 45 Proz. zugenommen hat — für den Durchschnitt der gesamten Industrie eine große Leistung, wenn man bedenkt, daß in England von 1891–1931 die physische Produktivität des Arbeiters nur wenig mehr gestiegen ist —, liegt in Deutschland gegenwärtig die Leistung um etwa 40 Proz. niedriger als damals. Wenn man überhaupt 1938 als Vergleichsbasis anerkennen will, hat man sich also zu fragen, was es denn besagt, wenn man unter der Annahme einer vielleicht 20 proz. Lohnsteigerung in Deutschland gegenüber 1938 und einem Markkurs von 40 cts im Basisjahr rein rechnerisch dazu kommt, daß dem heutigen Lohnverhältnis ein Markkurs von 23,5 Cents entsprechen würde, wenn man nicht gleichzeitig die gewaltige Verschiebung in den Produktivitätsverhältnissen berücksichtigt. Der Einwand, daß die Steigerungsprozente deswegen nichts besagen, weil man hinsichtlich der Produktivität der Arbeit von ganz verschiedenem Niveau ausgegangen ist, kann ja nur insofern Geltung beanspruchen, als schon 1938 im Durchschnitt — keineswegs in einzelnen Branchen oder gar Unternehmungen — die amerikanische Industrie eine mindestens zweimal höhere Effizienz aufwies als die deutsche Industrie. Die Steigerung hat also den Unterschied noch weiter vergrößert. Unter diesen Umständen ist es nicht zu verwundern, daß das Realeinkommen des amerikanischen Industriearbeiters wesentlich mehr gestiegen ist als das eines deutschen Arbeiters.

Man könnte noch einwenden, daß die deutschen Nominallöhne das wirkliche Einkommen der Arbeiterschaft nicht wiedergeben auf Grund der bis zur Währungsreform üblichen Geldzuschläge, Deputate, Naturallieferungen jeder Art usw. Da ja aber für diesen Vergleich nicht die Zwischenzeit interessiert, sondern nur der gegenwärtige Zustand maßgebend ist, seit der Währungsreform diese Zuschläge aber nahezu allgemein abgebaut worden sind, dürften die Nominal-Lohnsätze im Durchschnitt der gesamten Industrie auch das tatsächliche Einkommen annähernd wiedergeben.

Dagegen ist noch eine andere Überlegung zu berücksichtigen. Im internationalen Handel kommt es bekanntlich auf die realen Austauschbedingungen an. Infolgedessen müßte vom deutschen Standpunkt aus der Wechselkurs so gewählt werden, daß die Realkaufkraft des deutschen Exports möglichst hoch liegt, d. h. daß die Vorteile des ausländischen Fortschritts zum mindesten allmählich auch den deutschen Konsumenten zugute kommen, selbst auf die Gefahr hin, daß sich für die in Konkurrenz stehenden deutschen Unternehmungen erhebliche Umstellungsschwierigkeiten ergeben. Es würde damit auf die Dauer eine Angleichung an das Niveau der ausländischen Effizienz vollzogen, die auf jeden Fall erforderlich ist. Bei welchen Gütern die Überlegenheit z. B. der amerikanischen Industrie besonders groß ist und wie der Wechselkurs angesetzt werden müßte, um sie zur Geltung kommen zu lassen, bedarf eingehender Untersuchung. Im übrigen würde sich dies bald abschätzen lassen, wenn überhaupt ein freier Außenhandel auf beiden Seiten gegeben wäre. Es soll hier nur noch darauf hingewiesen werden, daß in Kanada und anderen überseeischen Ländern, wie etwa auch in Südafrika, in dem letzten Jahrzehnt ein ansehnlicher technischer Fortschritt erzielt worden ist, dem man angesichts der großen Abhängigkeit gerade der deutschen Exportindustrie von der Rohstoff-

einfuhr nicht einfach durch einen den Export allgemein begünstigenden Wechselkurs begegnen kann.
So ergibt sich also, daß die Maßstäbe für die Ermittlung des angemessenen Wechselkurses für Deutschland denkbar fragwürdig sind unter statistisch-formalen, wie aber auch unter sachlichen Gesichtspunkten. Nachdem mit der Geldreform das System der Marktwirtschaft grundsätzlich bejaht worden ist, bleibt unter diesen Umständen nur die Konsequenz, diesem System auch zur vollen Wirksamkeit zu verhelfen, d. h. alles zu tun, damit sich die eingangs erwähnten sachlichen Voraussetzungen für eine Beurteilung des richtigen Wechselkurses überhaupt herausbilden können. Da allerdings auch im Auslande nur bedingt diese Voraussetzungen gegeben sind, hängt es von der weiteren handelspolitischen Entwicklung ab, inwieweit sich marktgemäße statt festgesetzte Wechselkurse zu bilden vermögen. Solange jedenfalls auf deutscher Seite die wirklichen Kostenrelationen sich noch nicht stärker herauskristallisiert haben, spricht vieles dafür, die jetzige Kursrelation als Datum zu setzen. Dieser Ausweg ist allerdings kein Freibrief dafür, alle Preise im Inland unter Zugrundelegung dieses Wechselkurses auf die Höhe der Weltmarktpreise hinaufzutreiben. Denn einmal kommen für einen derartigen Vergleich überhaupt nur, wie wir sahen, die international gehandelten Waren, wie z. B. NE-Metalle, in Betracht, und zum anderen sind ja die komparativen Kostenunterschiede neben den absoluten Kostenunterschieden bestimmend für den Güteraustausch schlechthin. Im übrigen wird die Politik des Abtastens an Hand der gegebenen Daten auch aus dem Grunde für zweckmäßig gehalten, weil eine Herabsetzung des Dollarpreises der Mark die Einfuhr an Rohstoffen und Nahrungsmitteln verteuert — wobei auch an dieser Stelle von den GARIOA- und Marshall-Importen abgesehen wird — und den Exportindustrien zu früh die Chancen gewisser Konkurrenzbedingungen geben würde, die sich auf die Dauer doch als trügerisch erweisen dürften. Demgegenüber ist der harte Zwang zu einem Höchstmaß an Rationalisierung in der Exportindustrie mit der Folge der Kostensenkung wahrscheinlich eher angetan, die Austauschbedingungen auf die Dauer zu verbessern. Schließlich besteht die Wahrscheinlichkeit, daß die Liquidation des Krieges auch im Auslande zu Kursveränderungen zwingt, die zweckmäßigerweise bei einer späteren Festsetzung der Paritäten unter Beachtung der internationalen Währungsabkommen berücksichtig werden[1]).

---

[1]) Das „Gutachten über die Kaufkraftparität der Deutschen Mark" des Bremer Ausschusses für Wirtschaftsforschung (Bearbeiter Dr. *Alfred Jacobs*) kommt zu einem wesentlich späteren Zeitpunkte (November 1948) und auf Grund viel eingehenderer Untersuchungen zu dem Vorschlag einer Kurssenkung auch nur auf 27 Cents = 1 DM.

Professor Dr. RUDOLF STUCKEN (Erlangen):

Zunächst etwas Tatsächliches zur Frage der Wechselkurshöhe. Sie wissen, daß Nürnberg eine hochentwickelte Fertigwarenindustrie besitzt, die früher stark exportiert hat. In einem Kreise führender Nürnberger Industrieller warf ich die Frage auf, welche Industrie bei einem Wechselkurs von 3,30 DM für einen Dollar mit Erfolg am Weltmarkt auftreten könne. Als exportfähig erschienen nur die Elektroindustrie und die Industrie hochwertiger Meßapparate. Die anderen Gruppen verneinten die Exportfähigkeit. Und dabei waren in jenem Augenblick die Rohstoffpreise noch keineswegs dem genannten Wechselkurs angepaßt. Ich bitte, diese Feststellung nicht als Interessentenäußerung abzutun; andererseits besteht wohl in einer Reihe von Zweigen noch die Möglichkeit, in die Exportfähigkeit hineinzuwachsen; aber das ist Zukunftshoffnung und noch nicht Realität.

Wir sprechen hier so einfach und selbstverständlich von einem **einheitlichen Wechselkurs**, der sowohl für die ganze Ausfuhr als auch für die ganze Einfuhr gelten soll. Wir sollten uns aber doch dessen erinnern, daß wir seit 16 Jahren keine einheitlichen Wechselkurse gehabt haben. Das durch viele Jahre gepflegte Zusatzausfuhrverfahren verfälschte den Wechselkurs. Ab 1945 hatten wir für jedes Ausfuhrgeschäft einen individuellen Wechselkurs, denn in jedem Falle wurde der Reichsmarkbetrag für den Exporteur besonders berechnet, gewöhnlich im Anschluß an die inländischen Stoppreise. Ich sehe nur die eine Möglichkeit, aus den lähmenden Fesseln der gegenwärtigen Ausfuhrregelung herauszukommen, wenn die ganze Ausfuhr über einen einheitlichen Wechselkurs vollzogen wird. Denn mit dem Zusatzausfuhrverfahren haben wir die Welt so verärgert, daß man uns dieses sicherlich nicht in der Zukunft zur eigenen Handhabung überläßt. Und das System der individuellen Wechselkurse ist ja nur im Falle staatlicher Lenkung des Exportes möglich. Also Freiheit des Ausfuhrhandels nur bei einheitlichem Wechselkurs; diese Freiheit aber brauchen wir ja, um die Fertigwarenindustrie mit ihren relativ kleinen Geschäftsabschlüssen bei der Ausfuhr zum Zuge kommen zu lassen.

Soweit die Einfuhr in Frage kommt, kann der einheitliche Wechselkurs durch Subventionen außer Kraft gesetzt werden, wobei dann das Ziel verfolgt wird, wichtigen Massenkonsumgütern einen niedrigeren Preis zu geben, als sich auf Grund des Weltmarktpreises und der Wechselkurse ergeben würde. Ich möchte es dahingestellt sein lassen, ob diese Abweichung vom einheitlichen Wechselkurs nicht doch bei einigen Waren angebracht ist.

Soll man den zukünftigen Wechselkurs sich einpendeln lassen, d. h. soll man es dem Angebot und der Nachfrage auf dem Devisenmarkt überlassen, auf welcher Höhe der Wechselkurs zu stehen kommt? Ich glaube, daß es doch noch verfrüht ist, dem Markt die Bestimmung der Wechselkurshöhe allein zu überlassen, sondern daß es noch einer gewissen Devisenbewirtschaftung bedarf. Es ist schon auf die Fluchtgelder hingewiesen worden, die eine erhebliche zusätzliche Nachfrage am Devisenmarkt bedeuten können. Aber wir müssen auch an Erscheinungen denken, die mit jedem Wiederaufbau übermäßig geschrumpfter Vorräte verbunden sind; bei jedem Konjunkturaufstieg erlebten wir in Deutschland ja eine Tendenz zur Passivierung der Devisenbilanz, weil erst einmal mit der Wiederansammlung von Vorräten bei den Produktionsbetrieben und beim Handel eine verschärfte Nachfrage nach ausländischen Rohstoffen auftrat. Dazu haben wir an die Möglichkeit spekulativer Wareneinfuhr zu denken. Ich halte es nicht für richtig, den Wechselkurs zunächst auf die Höhe kommen zu lassen, die sich aus solchen zeitlich begrenzt wirkenden Ursachen ergibt; denn wahrscheinlich bleiben dann auch die Löhne von der sich so ergebenden Wechselkurshöhe nicht unberührt. Ich halte es vielmehr für richtig, einen Wechselkurs zu suchen, der à la longue durchgehalten werden kann, den zeitlich begrenzten Schwierigkeiten aber mit Maßnahmen der Devisenzwangswirtschaft zu begegnen. Aber selbstverständlich sehne auch ich den Tag herbei, an dem sich diese Zwangsmaßnahmen als überflüssig erweisen.

Dr. ALFRED KRUSE (München):

Wenn man die Außenhandelslage Europas und die der Vereinigten Staaten mit einem Satze charakterisieren wollte, so könnte man sagen: Europas Zahlungsbilanz ist hoffnungslos passiv, die der USA hoffnungslos aktiv. Die Beseitigung dieser Unausgeglichenheit kann auf weite Sicht nicht durch Kredite erfolgen, sondern nur durch eine Änderung der Wechselkurse, Herabsetzung des Kurses der europäischen Währungen oder Hinaufsetzung des Dollarkurses.

Für Deutschland erhebt sich in der Gegenwart die Frage, ob der uns durch die Besatzungsmächte auferlegte Umrechnungskurs von 30 Dollarcents für eine Deutsche Mark, der noch kein echter Wechselkurs ist, für die deutschen Verhältnisse angemessen ist oder nicht. Vorweg möchte ich betonen, daß ich Herrn Prof. *Hoffmann* beistimme, wenn er sagt, daß wir heute noch völlig im unklaren darüber sind, ob der Kurs von 30 Cents zu hoch oder zu niedrig ist. Bedenken wir doch, daß noch bis zum Mai dieses Jahres spezielle Umrechnungskurse sich jeweils ergaben, die zwischen 15 und 80 Dollarcents für die Reichsmark lagen. Das heißt, ein Teil der Ausfuhr war schon möglich bei einem Kurs, der wesentlich höher war als 30 cents, ein anderer Teil der Ausfuhr konnte zu gleicher Zeit nur bei Anwendung niedrigerer Umrechnungssätze erfolgen.

Es war ein bedeutsamer Schritt vorwärts, als ein **allgemeiner** Umrechnungskurs festgelegt wurde, der das Verschleudern deutscher Waren zu Stoppreisen auf dem Weltmarkt verhindert, wenn auch dadurch naturgemäß ein Teil des bisherigen Exports künftig nicht mehr möglich sein wird — man schätzt, daß etwa 30 Proz. der Ausfuhr davon betroffen werden. Die Exportindustrie, vor allem die Textilindustrie, wird dadurch gezwungen, sich den Bedingungen der Auslandsnachfrage nach Qualität, Muster und Aufmachung anzupassen, m. a. W. eine Rationalisierung vorzunehmen. Eine Herabsetzung des Kurses auf 20 cents, die vorgeschlagen wurde, hätte zur Folge, daß unser Export größer sein könnte. Von dieser Seite gesehen würde es also eine Verbesserung unserer Zahlungsbilanz mitsichbringen. Zugleich bedeutet aber der niedrige 20-cents-Kurs, daß unsere Einfuhr entsprechend verteuert und so bei unserem großen Importbedarf die Situation wieder verschlechtert würde. Für Deutschland ist der Zeitpunkt noch nicht da, daß die gesamte Einfuhr durch die Ausfuhr bezahlt werden könnte. Wir sind noch eine Zeitlang darauf angewiesen, mehr zu importieren als wir exportieren können. Solange Deutschland noch nicht einen einigermaßen tragbaren Stand der Ausstattung mit Produktionsanlagen und der Versorgung mit Lebensmitteln und Rohstoffen erreicht hat und solange der Binnenmarkt noch nicht durch Ermöglichung besserer Kapazitätsausnützung wieder die produktionsgemäße Basis für den Export abgibt, besteht ein unbedingter Vorrang der Einfuhr vor der Ausfuhr; daher darf der Umrechnungskurs eher zu hoch als zu niedrig angesetzt werden, gemessen an den Kaufkraftparitäten. Ob 30 Dollarcents für eine Deutsche Mark ein hoher oder niedriger Kurs ist, vermag jedoch heute bei dem sich in Unordnung und Umbildung befindlichen Preisgefüge schwerlich jemand zu sagen.

Es ist vielleicht zu erwägen, ob es nicht für eine Übergangszeit zweckmäßig sein könnte, verschiedene Umrechnungskurse für die Einfuhr und für die Ausfuhr anzusetzen, einen niedrigen für die Ausfuhr, um diese zu erleichtern, und einen höheren für die Einfuhr, um die vordringlichen Importe zu verbilligen. Ein automatischer Ausgleich der beiden Seiten der Handelsbilanz könnte sich dann allerdings nicht ergeben, und wenn die Einfuhr infolgedessen die Ausfuhr wertmäßig übersteigt, müßte der Auslandskredit — insbesondere aus der ERP-Hilfe — die Lücke schließen. Gegenüber allen Subventionsverfahren auf der Einfuhr- und Ausfuhrseite hätte der doppelte Wechselkurs den Vorteil einer eindeutigen Rechenbarkeit; für Im- und Export wären feste Kalkulationsgrundlagen gegeben.

Eine andere wichtige Frage, die für den deutschen Außenhandel zu einer Lebensfrage geworden ist, stellt der in Aussicht genommene Wegfall der Dollarklausel dar. Dadurch, daß man die Abnehmer deutscher Waren gezwungen hat, mit Dollar zu bezahlen, ist eine Verlagerung der deutschen Ausfuhr eingetreten, von der heute noch nicht gesprochen wurde. Sowohl das Referat als auch die Diskussion hatten betont, daß eine mengenmäßige Schrumpfung und eine zwangsweise Verlagerung des Sortiments der Ausfuhrwaren eingetreten ist, nicht zuletzt durch die von der JEIA durchgeführte Politik der Zwangsausfuhr von Rohstoffen, insbesondere Kohle, Holz und Schrott. Die Dollarklausel, in Verbindung mit den sonstigen JEIA-Methoden, die für die deutsche Wirtschaft auf die Dauer untragbar sind, hat den deutschen Europahandel auf ein Minimum absinken lassen, das kaum noch unterboten werden kann. Die europäischen Handelspartner haben fast alle unter Dollarknappheit zu leiden und sind daher nicht gewillt, außer für die dringliche Rohstoffeinfuhr, die für Deutschland mehr Nachteile als Vorteile bringt, Dollars für hochwertige deutsche Fertigwaren aufzubringen. Durch den zu erwartenden Wegfall der drückenden Dollarklausel wird der deutsche Außenhandel seine Partner wie ehedem in größerem Umfange in Europa finden, er verliert aber auf der anderen Seite manche Chancen, die der amerikanische Markt bieten könnte. Auch taucht die Gefahr des Bilateralismus wieder auf.

Um zu verhindern, daß der Handels- und Zahlungsverkehr sich zu sehr in Richtung auf einen Bilateralismus hin entwickelt, hat die Idee des Europaclearings bei den Amerikanern Billigung gefunden. Es ist zu hoffen, daß der vorgesehene über die Bank für internationalen Zahlungsverkehr in Basel zu leitende Abrechnungsverkehr eine Intensivierung des Europahandels bringen wird, an dem auch Westdeutschland mit Erfolg teilhaben kann. Allerdings wird die Zahlungs- und Abrechnungsgemeinschaft der europäischen Marshallplanländer auch eine Passivität gegenüber den Vereinigten Staaten haben, zu deren Ausgleich Mittel aus der ERP-Hilfe eingesetzt werden müssen. Bei zweckmäßiger Ausgestaltung des Clearings könnte es dem Europahandel und damit auch dem deutschen Außenhandel einen neuen Auftrieb geben.

Eine wirkliche, völlig befriedigende dauerhafte Lösung des Kurs- und Zahlungsbilanzproblems bietet zwar weder der einheitliche 30-cents-Kurs oder der vorgeschlagene Doppelwechselkurs, der Fortfall der Dollarklausel noch das Europaclearing; die Lösung kann auf weite Sicht nur die allgemeine neue Abstimmung der Wechselkurse in Richtung auf die Kaufkraftparitäten bringen; doch solange selbst die Geld- und Währungspolitik der USA nicht stabilisiert ist, wäre die endgültige Festlegung der Wechselkursrelation verfrüht.

Professor Dr. THEODOR WESSELS (Köln):

Herr *Meyer* hat gesagt, daß man an den Mengenumsätzen den Nutzen des Außenhandels für eine Volkswirtschaft nicht messen könne. Die Mengenbetrachtung ist aber bei Berücksichtigung der Preise die einzige, die eine Erfassung und Beurteilung des Außenhandels möglich macht, da der Nutzen für eine Volkswirtschaft unmittelbar nicht meßbar ist. Ich glaube mit dem Referenten übereinzustimmen, wenn ich sage, daß für die volkswirtschaftlich richtige Gestaltung des Außenhandels der Preisbildungsprozeß entscheidend ist. Bilden sich überall richtige Preise, d. h. Gleichgewichtspreise, die die realen Knappheitsverhältnisse widerspiegeln, so sind die Mengen, die zwischen den Ländern ausgetauscht werden, ein Ausdruck für den Nutzen des Außenhandels.

Es kommt also darauf an, wie sich die Preise in den einzelnen Volkswirtschaften bilden. Kommen in einzelnen Ländern für bestimmte Warengruppen z. B. durch staatliche Eingriffe überhöhte Preise zustande, so wird der Außenhandel auch dann eine Fehlorientierung aufweisen müssen, wenn sich an diesen Preisen der Wechselkurs orientiert, obwohl er dann rein formal ein Gleichgewichtskurs ist. Programmatisch wird heute in vielen Ländern die Notwendigkeit einer international einheitlichen Preispolitik stärker betont als in der Zeit zwischen den beiden Weltkriegen — die Wirtschaftspolitik aber weist bei völlig verschiedenem Anteil von zwangswirtschaftlichen und marktwirtschaftlichen Preisen größte Verschiedenheiten auf und läßt dadurch Fehlentwicklungen im Außenhandel entstehen.

Insbesondere wird durch die Art, in der z. Z. die Marshallhilfe zur Verfügung gestellt wird, vielen Ländern ein Stück Planwirtschaft aufgezwungen, das in Widerspruch zu dem marktwirtschaftlichen Kurs steht, den die Wirtschaftspolitik der gleichen Staaten verfolgt. Das Planen mit starren Mengen, das die Konstruktion des Marshallplans notwendig macht, steht oft nicht in Einklang mit dem Einfuhrbedarf, der sich bei weltwirtschaftlicher Anpassung eines Landes ergibt — eine Quelle vieler Sinnwidrigkeiten im internationalen Handel. Es ist eine merkwürdige Tatsache, daß die Vereinigten Staaten, die in der Gegenwart am stärksten die Notwendigkeit voller weltwirtschaftlicher Arbeitsteilung betonen, zwar von den europäischen

Ländern die Einordnung in die Weltwirtschaft fordern und auch durch materielle Hilfe erleichtern, gleichzeitig aber das Entstehen eines voll wirksamen Anpassungsmechanismus erschweren. Die Erklärung liegt wohl darin, daß die Marshallmittel eine Staatshilfe der Vereinigten Staaten darstellen und daß deren Regierung für jeden einzelnen Titel beim Parlament eine Genehmigung einholen muß, wodurch für die Gesamthilfe eine Planung größten Stils notwendig wird. Eine weitere Schwierigkeit kann aus der in vielen Ländern herrschenden Politik der Vollbeschäftigung folgen. Immer ist es ein Symptom für eine Störung im Wirtschafsprozeß, wenn Arbeitskräfte längere Zeit brachliegen. Aber eine Wirtschaftspolitik, die Arbeiter unter allen Umständen in der gegebenen Beschäftigung festhalten und Arbeitslose durch staatliche Maßnahmen in den Wirtschaftsprozeß einordnen will, ist eine völlig andere als jene, die eine Fehlorientierung zu korrigieren bemüht ist, einen Umbau der Volkswirtschaft erstrebt und erst nach Gelingen dieses Versuchs zur Vollbeschäftigung kommen will. Der erste Typ der Beschäftigungspolitik ist aber in verschiedenen Ländern vor dem zweiten Weltkrieg und nachher der herrschende geworden. Bei ihm kommt die Wirtschaft zu Preisen, die den wirklichen Kostenaufwand in den verschiedenen Produktionsrichtungen nicht mehr richtig wiedergeben: der Wechselkurs, der sich an diesen Preisen ausrichtet, ist in jedem Falle fehlerhaft.

Es ist über die JEIA gesprochen worden. Ich stimme Herrn *Stucken* darin zu, daß wir mit großer Wahrscheinlichkeit in absehbarer Zeit nicht zu einer völlig freien Gestaltung des Außenhandels kommen werden. Für diese Zwischenzeit werden wir dahin streben müssen, die unmittelbare Bestimmung der ausgetauschten Gütermengen durch die JEIA zu beseitigen, so daß die Partner selbst über die Transaktionen entscheiden können und sich lediglich der Kontrolle einer politischen Instanz zu unterwerfen haben.

Professor Dr. ERICH EGNER (Göttingen):

Bei allem Respekt vor der gedanklichen Leistung, die aus dem Referat des Herrn *Meyer* sprach, und vor der Geschlossenheit seiner Gesamtkonzeption habe ich das Gefühl, daß man von der Ebene der Markttheorie aus nicht ohne weiteres und so unmittelbar in die Wirtschaftspolitik hineinspringen darf, wie er es getan hat. Die Modelle der Theorie haben keinen direkten Bezug zur Wirklichkeit. Die Verbindung zwischen beiden herzustellen ist eine höchst schwierige und gefahrenreiche Aufgabe. Wenn man daher von den Modellen direkt auf die Wirklichkeit Schlüsse zu ziehen versucht, muß man bei bloßen Konstruktionen enden und an der Wirklichkeit vorbeireden.

Man kann Außenwirtschaftspolitik im Grunde immer nur aus einer konkreten geschichtlichen Situation heraus betreiben. Wenn man von dieser ausgeht, dann muß man aber feststellen, daß wir in einer Zeit leben, in der sich große und fundamentale Strukturwandlungen des Wirtschafts- und Gesellschaftslebens vollziehen. Sie lassen z. B. die Vollbeschäftigungspolitik unserer Tage in einem ganz anderen Lichte erscheinen als nach der Auffassung derjenigen, die in ihr eine bloße Verlegenheitsmaßnahme sehen, die einer skeptischen Haltung der Wirtschaft gegenüber entsprungen sei. Sie ist vielmehr nur neben vielen anderen Erscheinungen ein Ausdruck für die andere Sinngebung der Wirtschaft, die sich in unseren Tagen im Vergleich zur Vergangenheit anbahnt. Man hat einzusehen gelernt, daß Wirtschaften seinem Wesen nach nicht um das Streben nach Einzelbereicherung an Sachgütern, sondern um die Frage der materiellen Existenzsicherung geht. Auf S i c h e r u n g d e r m a t e r i e l l e n D a s e i n s b e h a u p t u n g für die Gesamtheit zielen die wichtigsten wirtschaftspolitischen Ideen und Maßnahmen der Gegenwart ab. Das ist die historische Situation, mit der man rechnen muß, von der aus auch die außenwirtschaftliche Problematik aufgerollt werden muß.

Unter diesem Blickwinkel muß man feststellen, daß die Außenwirtschaft der Vergangenheit ihre Aufgabe für eine so verstandene Wirtschaft nur in höchst unvollkommener Weise erfüllt hat. Die vom britischen Imperium getragene Weltwirtschaft der Vergangenheit war, so möchte ich sagen, ein „Fremdversorgungsmarkt", in dem alle Partner unter weitgehender Vereinseitigung, „monokulturell", um der Erzielung optimaler Kostenvorteile willen zusammengeschlossen wurden. In unserer Zeit setzt sich dagegen eine andere Art internationaler Arbeitsteilung, die Struktur eines „Ergänzungsmarktes", durch, bei dem der Außenwirtschaft nicht mehr die Bereicherungsfunktion, sondern eine ganz andere Aufgabe zugewiesen wird, nämlich diejenige, ergänzend in bezug auf die binnenwirtschaftliche Versorgungslage zu wirken. Dadurch wird sie in den Dienst des unser Jahrhundert kennzeichnenden wirtschaftlichen Sicherungsstrebens, auf das ich hinwies, gestellt. Die E r g ä n z u n g s f u n k t i o n der Außenwirtschaft, die aus der Irrealität einer Autarkie notwendig wird, hat das Bereicherungsstreben verdrängt. Diese Feststellungen sollten der Ausgangspunkt auch für eine Besprechung der deutschen außenwirtschaftlichen Probleme sein.

Von hier aus gesehen ist unsere heutige Lage wesentlich trostloser, als von Herrn *Meyer* dargestellt wurde. Man glaubt heute vielfach, daß es nur darauf ankäme, Deutschland wieder der internationalen Arbeitsteilung einzugliedern. Können wir aber wirklich hoffen, durch eine starke Exportindustrialisierung, d. h. durch eine Einschaltung in eine auf dem Prinzip der alten internationalen Arbeitsteilung, also des Fremdversorgungsmarktes, aufgebauten Weltwirtschaft Westdeutschland wirtschaftlich lebensfähig zu machen? Wir können wohl versuchen, auf das Glatteis eines solchen Weltmarktes zu gehen, das zwar im Augenblick tragfähig aussieht, auf dem wir aber in der nächsten wirtschaftlichen Krise, die über die Welt hingeht, allzu leicht ausrutschen und einbrechen werden. Daß es eines Tages dahin kommen wird, ist nicht schwer vorauszusehen. Wenn wir heute unbedacht diesen Weg gehen, dann werden wir später die Suppe auslöffeln müssen, die wir uns heute einbrocken. In solcher Lage wird uns kein Marshallplan aus unseren Nöten heraushelfen, dann werden wir weitgehend auf uns selbst gestellt sein. Diese Aussicht drückt die große Schwierigkeit aus, vor die wir jetzt gestellt sind. Über aller Außenwirtschaftspolitik, die wir heute treiben, soweit wir überhaupt Bewegungsfreiheit dazu haben, muß die Frage stehen: Wie können wir überhaupt eine gesunde Außenwirtschaft im Rumpfdeutschland aufbauen?

Dazu fehlen die Voraussetzungen leider nur allzu sehr, deshalb darf man sich hier keinen Illusionen hingeben. Unsere Lage ist eine ähnliche, wie sie nach 1918 in bezug auf Österreich viel besprochen wurde, als man auf die Lebensunfähigkeit der österreichischen Volkswirtschaft hinwies. So steht es erst recht mit dem heutigen Rumpfdeutschland. Dies ist weder dazu in der Lage, sich wirtschaftlich auch nur einigermaßen auf eigene Füße zu stellen, noch auch diejenige weltwirtschaftliche Aufgabe zu erfüllen, die ihm seiner natürlichen Lage nach zukommt, nämlich eine Mittlerrolle in Europa zu spielen. Wie groß diese bis zum letzten Kriege gewesen ist, hat neuerdings wieder die im Kieler Institut entstandene Arbeit *Muziols* über Deutschland unter dem Marshallplan deutlich gemacht. Eine deutsche Außenwirtschaft, die auf die Erfüllung dieser europäischen Aufgabe verzichtet, ist von vornherein zum Scheitern verurteilt. Sie kann dabei unmöglich Ost- und Südosteuropa abschreiben und sich nur westlich nach dem Marshallplan orientieren. Wenn dem Ost- und Südosthandel im Augenblick schwere politische Hindernisse im Wege stehen, so muß man sich darüber klar sein, daß ohne ihn nur ein sehr behelfsmäßiger Notbau, aber keine echte aufbauende deutsche Außenwirtschaftspolitik möglich ist. Eine Erörterung ihrer Probleme ohne Berücksichtigung dieser Zusammenhänge bewegt sich in einem luftleeren Raum. Das muß bei aller Behandlung der Außenwirtschaftspolitik stets im Auge behalten werden, und zwar glaube ich, daß dies als eine nationalökonomische Einsicht, keineswegs als politisches Urteil zu gelten hat.

Professor Dr. GÜNTER SCHMÖLDERS (Köln):

Bei der Erörterung der Problematik des deutschen Außenhandels wird in der Regel übersehen, daß aller Streit um die Festsetzung der Wechselkurse nicht über die Verzerrungen hinweghilft, die im Preis- und Kostengefüge der deutschen Wirtschaft durch die zwangswirtschaftliche Entwicklung der letzten fünfzehn Jahre entstanden sind. Besonders kraß tritt diese Verzerrung des Preis- und Kostengefüges zutage, wenn man die **Wandlungen der Besteuerung** ins Auge faßt, in denen zu einem guten Teil die Ursache dieser Erscheinung zu erblicken ist. Die Besteuerung hat sich im autoritären Deutschland unvermerkt immer mehr dem direkten Zugriff auf die **Betriebsgewinne** und **Betriebsvermögen** anstelle der früher vorherrschenden Steueraufbringung durch Verbrauchs- und Verkehrssteuern und Zölle zugewandt. Welches Ausmaß diese Wandlungen der Besteuerung erreicht haben, geht daraus hervor, daß allein die Körperschaftssteuer ihr Aufkommen schon 1938 gegenüber 1932 mehr als verzwanzigfacht hatte. Der prozentuale Anteil der Einkommensteuer und Körperschaftssteuer am gesamten Reichssteueraufkommen hatte sich schon um diese Zeit auf Kosten der Verbrauchssteuern und Zölle fast verdreifacht. Diese Entwicklung ist während des Krieges weitergegangen und hat zu einer Struktur der Besteuerung geführt, die sich überwiegend des bequemen Zugriffs auf die gewerblichen Gewinne und Einkommen bedient; die Folge ist, daß das Preis- und Kostengefüge der deutschen Wirtschaft durch zusätzliche, lediglich aus der Besteuerung stammende Kostenfaktoren gegenüber der früheren Zeit und gegenüber den Wettbewerbsländern weitgehend verändert worden ist. Die Hauptrolle spielt hierbei die bisher viel zu wenig beachtete Tatsache, daß die sogenannten **Gewinnsteuern** (Einkommen- und Körperschaftssteuer) der Gewerbebetriebe infolge der steuerrechtlichen Entwicklung unter dem Einfluß fiskalischer Gedankengänge mehr und mehr an **objektive Merkmale** anknüpfen und den Charakter echter „Überschußsteuern" längst verloren haben; die weitere Folge daraus ist es, daß in allen **Preisen** unter der Wirkung der Steuerüberwälzung **kumulativ aufgelaufene Steueranteile** enthalten sind, die bis zu 50 Proz. und mehr des Ladenpreises ausmachen können. Dieser Vorgang liegt bei der Umsatzsteuer auf der Hand; eine in allen Wirtschaftsstufen von neuem erhobene Umsatzsteuer von 3 v. H. führt zu einer Belastung des Verkaufspreises von 10 bis 15 v. H. je nach der Anzahl der durchlaufenen Stufen. Weniger sichtbar, im Ergebnis aber mindestens ebenso bedeutsam ist die Überwälzung der verschiedenen steuerlichen Betriebsbelastungen, angefangen bei der Grund- und

Gewerbesteuer über die Vermögenssteuer, Körperschafts- und Einkommensteuer bis hin zur Dividendenabgabe und Aufsichtsratsteuer; unter der Wirkung des Kaufkraftüberhangs hatten in der Vergangenheit praktisch alle Märkte ihre Elastizität im Sinne der Preistheorie soweit eingebüßt, daß die Überwälzung dieser Steuerbeträge im Preis auf allen Stufen möglich wurde. Dadurch ist eine **kumulative Aufblähung des gesamten Preis- und Kostengefüges** entstanden, die im Wettbewerb mit dem Ausland zu einem selbstverschuldeten Hindernis wird, dessen Beseitigung sich die künftige Steuerreform angelegen sein lassen sollte. Eine Steuerrückgewähr bei der Ausfuhr, wie sie für die letzte Stufe der Umsatzsteuer vielleicht noch durchführbar ist, erscheint angesichts der Höhe der kumulativen Endbelastungen aus allen erwähnten Steuern indiskutabel; sie würde vom Ausland sogleich als Versuch des Dumpings zurückgewiesen werden. Es bleibt uns daher keine Wahl, wenn wir am zwischenstaatlichen Wettbewerb wieder mit Erfolg teilnehmen wollen, als auch von dem Gesichtspunkt des Außenhandels aus mit allem Nachdruck auf eine **Reform der Betriebsbesteuerung** zu drängen.

Ein theoretisch interessantes Problem, auf das hier nur am Rande einmal hingewiesen werden soll, ist die Frage, wieweit auch die sogenannte **Lohnsteuer**, der Lohnabzug vom Arbeitslohn, in den Tarifverhandlungen und Lohnabkommen der letzten 25 Jahre bereits in das Lohnkonto übergegangen, d. h. auf den Arbeitgeber überwälzt worden ist; in dem Maße, in dem dies geschehen sein sollte, nimmt auch die Lohnsteuer an der geschilderten Vorbelastung des deutschen Preis- und Kostengefüges teil. Untersuchungen über die Inzidenz der Lohnsteuer, der Körperschaftssteuer und einer Reihe weiterer Betriebssteuern werden z. Z. in Köln durchgeführt.

Professor Dr. HEINRICH RITTERSHAUSEN (Frankfurt):

Zunächst möchte ich auf Herrn *Brinkmanns* Ausführungen eingehen. Ich bin vor vielen Jahren stark beeindruckt worden von seiner These, daß der Außenhandel sich immer mehr von seinem natürlichen Zustande hinweg in eine rationale Ordnung begibt. Aber gerade, wenn die Spielregeln des Außenhandels durch internationale Verträge staatlich gesetzt werden, wenn man also Brinkmanns These anerkennt, kann und muß man bewegliche Wechselkurse fordern.

Auch Herrn *Hoffmanns* Argumentation hinsichtlich des 30-Centskurses scheint mir sehr beachtlich. Es ist nicht unmöglich, daß sich ein Gleichgewichts-Wechselkurs unter bestimmten Voraussetzungen sogar auf der Höhe von 30 Cts halten würde. Dieser 30-Cts-Kurs ist nicht in erster Linie durch eine Überteuerung der deutschen Preise und Löhne gefährdet, sondern nur durch den Mangel einer Übergangsperiode bei unvermittelt plötzlichem Übergang zur freien Kursbildung. Bei klassischen Stabilisierungen, die nach damaligen Vorstellungen den Übergang zu Gleichgewichtskursen einschlossen, z. B. im Jahre 1924 in Deutschland, hat man so große Auslandskredite hereingenommen, daß jahrelang das Defizit der Handelsbilanz mit Kredit bezahlt werden konnte. Diesem Zwecke dienen ja heute die Marshall-Kredite, wenn sie auch wahrscheinlich für eine kommerzielle Stabilisierung zu klein sind. Bei einem derartigen planmäßigen Vorgehen unter Kredithilfe des Auslandes könnte sich durchaus der 30-Cts-Kurs rechtfertigen lassen, wenn auch die Preissteigerungen der letzten Wochen bedenklich stimmen. Wir müssen erst die vollen Wirkungen der Währungsreform und der Marshall-Hilfe insbesondere auf Ernährung und Arbeitsleistung abwarten. In den bisherigen Reichsmark-Preisen steckte noch im Durchschnitt wohl der doppelte Lohnansatz, weil von den unterernährten Arbeitern durchschnittlich in zwei Stunden so viel geleistet wurde, wie normal in einer Stunde. Dieses falsch kalkulierte Preisniveau wird gegenwärtig durch eine Kopfgeld- und Kreditkonjunktur geradezu künstlich erhalten und weiter überhöht. Wir dürfen auch nicht vergessen, daß infolge der geltenden JEIA-Bestimmungen große Gruppen der für uns wichtigsten Exporte bisher nicht zustande kommen konnten. Zum Beispiel wurden bedeutende pharmazeutische und chemische Exporte bisher nicht zugelassen, und der Export von Einzelanfertigungen auf dem Gebiete des Maschinen- und Apparatebaus ist wegen Mangels deutscher Ingenieurvertretungen im Auslande nicht möglich. Der Stundenlohn des deutschen gelernten Arbeiters ist 1 DM oder 30 Cts; in den Vereinigten Staaten aber Doll. 2,50. Infolgedessen sind die Verdienstaussichten der Exporteure auf solchen Gebieten so ungewöhnlich, daß man dort nirgends eine Klage über den 30-Cts-Kurs hört. Es ist bekanntlich gar nicht die Aufgabe des Kurses, alle Inlandswaren im Preise unter das Niveau der Auslandsangebote zu senken; vielmehr sind immer ein Teil der Waren im Inlande teurer und ein Teil billiger, und nur die letzten kommen für den Export in Frage. Darunter werden sich im allgemeinen solche Erzeugnisse nicht befinden, die kapitalintensiv und in Großserien hergestellt werden. In diesen Zweigen haben wir meist gegen die amerikanische Konkurrenz keinerlei Aussichten. Aber gerade auf solche Erzeugnisse und Rohstoffe war bisher die deutsche Ausfuhr konzentriert, denn nur mit standardisierten Massengütern vermag ein bürokratischer Apparat bis zu einem gewissen Grade fertig zu werden. Die eigentliche Ausfuhr, auf die wir unsere ganze Hoffnung setzen, ist überhaupt noch nicht da, und die eigentlichen Exporteure konnten sich noch gar nicht äußern, weil sie bei den bisherigen Vorschriften überhaupt noch nicht exportiert haben. Erst wenn wir deren Erfahrungen und Preisstellungen kennen, wird es möglich sein, ein Urteil über den 30-Cts-Kurs zu fällen.

Leichte Bedenken möchte ich gegen Herrn *Wessels* These anmelden, ein solcher Übergang zu Gleichgewichtskursen müsse von allen Ländern gleichzeitig erfolgen. Die Beispiele der Freihandelsplätze Hongkong und Tanger zeigen, daß man unter Gleichgewichtskursen und freien Warenpreisen handels- und sozialpolitisch in eine sehr günstige Position kommen kann. Bei Betrachtung dieser Einzelfälle kann man nicht zu dem Schluß kommen, daß die Politik der Gleichgewichtskurse für ein Land unrentabel sei.

Den Optimismus von Herrn *Kruse* hinsichtlich der Leistungen des neuen Europa-Clearings kann ich leider nicht ganz teilen. Der Referent, Herr *Meyer,* hat die Frage des Devisenkurses allein vom Standpunkt der deutschen Wirtschaft aus behandelt. Ich möchte in Kürze die Fragestellung erweitern und die Rolle der Devisenkurse in der zwischen-europäischen Wirtschaft untersuchen. Es scheint mir, daß sich von diesem größeren Problem aus starke zusätzliche Argumente zugunsten der Ergebnisse von Herrn *Meyer* finden lassen, die ich im übrigen in jeder Weise für richtig halte. Allerdings ist der Übergang zu Gleichgewichtskursen eine notwendige Ergänzung zu der am 8. Juli des Jahres erfolgten Freigabe der Warenpreise. Diese war nur ein erster Schritt. Weitere müssen folgen, da sonst die Gefahr der Unhaltbarkeit der freien Warenmärkte im Innern und des Wiedervordringens der Zentralverwaltungswirtschaft besteht. Nach drei Monaten stabiler Währung mußten wir alle die Schwäche der Argumente erkennen, die von der Preisfreigabe eine Katastrophe befürchteten. Es ist nun wieder erstaunlich, zu sehen, daß wörtlich dieselben Argumente gegenüber der Freigabe der Devisenkurse vorgebracht werden, während doch leicht zu erkennen ist, daß am Tage danach alles sehr gut, aber sogar viel wirtschaftlicher weitergehen würde.

Aber darüber hinaus ist es sehr wesentlich, zu erkennen, daß der Übergang zu gleichgewichtigen Devisenkursen das einzige Mittel wäre, die europäische Zahlungskrise wirksam und endgültig zu überwinden. Das bisherige europäische Verrechnungssystem ist vollständig eingefroren; der europäische Außenhandel, d. h. der Handel der europäischen Länder untereinander, ist fast zum Stillstand gekommen und wird eigentlich nur durch atavistisch anmutende Natural-Tauschgeschäfte aufrechterhalten, die von Regierung zu Regierung abgeschlossen werden. Von 762 Millionen Dollar eingefrorener Spitzen konnten im Januar 1948 durch die BIZ in Basel nur 1,7 Millionen Dollar durch Saldierung beseitigt werden. **Sehr bedenklich scheint mir der neue Plan der multilateralen Verrechnung der „Organisation für Europäische Zusammenarbeit" in Paris.** Hiernach sollen durch statistische Schätzungen die zukünftigen Zahlungsbilanzen aller beteiligten Länder für das kommende Jahr entworfen werden. Um eine solche Zahlungsbilanz schätzen zu können, müssen die Ausfuhren und Einfuhren sämtlicher Gewerbezweige auf Jahre im voraus prognostiziert werden. Ich erinnere daran, daß ich eben dargelegt hatte, wie sehr der eigentliche gewinnbringende deutsche Export noch fehlt, so daß niemand wissen kann, wo er überhaupt zutage treten wird, wenn erst die erwartete Änderung der JEIA-Bestimmungen kommt. Es muß jedes in den nächsten Jahren sich entwickelnde Außenhandelsgeschäft bereits vorgedacht und geplant werden. So erhält man die planmäßigen zukünftigen Aktiv- und Passivsalden sämtlicher Marshall-Länder. Ob ein Land aktiv sein wird, hängt von Mehrheitsbeschlüssen der statistischen Sachverständigen, von einem bloßen Federstrich ab. Weiter sollen die Marshall-Verträge dahin geändert werden, daß „aktive" Länder verpflichtet werden, die geschenkweise erhaltenen Marshall-Dollars **an die passiven Länder weiter zu verschenken.** Das scheint mir darauf hinauszulaufen, daß die passiven Länder und die **Schuldner prämiiert** werden, während **die guten Wirte** eine **Strafzahlung** entrichten müssen. Ich befürchte, daß diese Zwangs-Unterstützungsmethode zu einer Verschwendung von Marshall-Geldern für die Erhaltung schlechter Positionen führen könnte.

Es wird oft darüber geklagt, daß wir an die **Dollar-Klausel** gebunden seien. Obwohl diese Angelegenheit mehrdeutig ist, möchte ich darauf hinweisen, daß ein Hartwährungsland, wenn es eine darauf eingestellte Handels- und besonders Einkaufspolitik betreibt, eine sehr starke Position hat, wie der Fall der Schweiz beweist. Wir sollten nicht kritiklos in der Ideologie der Weichwährungsländer verbleiben, die wir leider mitgeschaffen haben, die aber nicht allzuviel absolute Wahrheiten enthält. Es ist zu befürchten, daß das Pariser Verfahren die gut wirtschaftenden Länder stark überlastet, bis alle Währungen Europas gleich weich geworden sind, während wir das Gegenteil brauchen.

Was heißt überhaupt „**Einfrieren von Verrechnungssalden?**" Die Beträge sind nicht eingefroren, weil die schuldnerische Bank zahlungsunfähig geworden wäre, sondern weil die dahinter stehende Regierung bei der Abgabe dieser Devisen einen so **überhöhten Devisenkurs** verlangt, daß diese Devise von keinem beteiligten

Lande mit Nutzen mehr zu Importen zu verwenden ist. Der Zustand des „Eingefrorenseins" ist also nur die Kehrseite des falschen Devisenkurses. Natürlich läßt sich dabei ganz gut weiterleben, wenn man Kredite oder Subventionen hineinpumpt, wie das zuerst durch die Schweiz und England und jetzt durch Amerika geschieht. Bei Aufhören dieser Subventionen aber steht man genau da, wo man angefangen hatte. Es ist von keiner Seite eine ernsthafte Dauerlösung vorgeschlagen worden, obwohl das Schicksal unseres besiegten Landes ebensosehr wie das ganz Europas an der Lösung dieser Frage hängt. Diese Lösung ist nur durch den Gleichgewichtskurs zwanglos und auf die Dauer möglich.

Welches ist nun das Motiv der Regierungen für das starre Verbleiben bei künstlich niedrig gehaltenen Devisenkursen, ausgedrückt in der eigenen Währung? Welches sind also die Ursachen für diese Politik des Einfrierens? Es sind einmal die Programme großer öffentlicher Ausgaben, dabei das aus der Autarkie-Zeit übriggebliebene Bestreben, sich kostspielige eigene Rohstoffindustrien zuzulegen. Es handelt sich weiter um die künstliche Verbilligung von Lebensmitteln, zum Teil unter die Hälfte ihres Preises, um die Berechnung von unterschiedlichen Devisenkursen, wodurch wieder gewissen Industrien oder Konsumenten versteckte Staatssubventionen gegeben werden, es handelt sich schließlich um die gesamte Politik des dauernden Staatsdefizits und des zum Prinzip erhobenen Geldüberhanges. Es handelt sich aber auch um die auf diesem Gerüst errichtete Plan- und Lenkungswirtschaft durch direkte Maßnahmen, auf die man nicht verzichten will. Denn diese direkte Bewirtschaftungs- und Lenkungspolitik würde sich am Tage des Beginns der Gleichgewichtskurse von selbst auflösen, weil dann wieder die private Kalkulation des einzelnen und des Unternehmers über Kauf und Verkauf einer Ware entscheiden würde.

Wir kennen hier in Deutschland die chronische Zahlungsschwäche planwirtschaftlicher Länder, da die Planung seit Hitler nur deswegen funktionierte, soweit sie das tat, weil infolge des falschen Kurses die Waren zu billig erschienen und daher den Planungsbehörden pünktlich abgenommen wurden. Wir wissen leider aus Erfahrung, daß diese künstliche Verbilligung sich zu einer Saugpumpe für Importe entwickelt. Nachdem wir erst vor wenigen Monaten von einem großen Teil der Planungswirtschaft und des Preiszwanges befreit worden sind, befürchten wir natürlich, im Wege jener Europa-Planung in eine riesige europäische Planwirtschaft mit ihren Planfehlern eingespannt zu werden. Unsere neue Wettbewerbswirtschaft ist abhängig von der europäischen

Wirtschaftsverfassung. Sollen wir glauben, daß diese für dauernd eine direkt gelenkte sein wird? Das würde mit unternehmerischer Wirtschaft nichts mehr zu tun haben. *Melchior Palyi* hat auf die herrschende Verwirrung der Geister hingewiesen. Er sagt, Bretton Woods (mit seinem Festkurs-System) und ähnliche Projekte können der amerikanischen Öffentlichkeit nur unter Zuhilfenahme des sprachlichen Pathos eines Adam Smith aufgedrängt werden. Allein das zugrunde liegende Ethos stamme von Vladimir Iljitsch Uljanow (alias Lenin), daß nämlich diejenigen, die besitzen, mit den Nichtbesitzenden ohne Rücksicht auf die Sicherheit des Kapitals, noch weniger der Gewinne, teilen sollen. Hinter der Idee der festen Paritäten steckt nicht nur eine unangebrachte Erinnerung an eine ganz anders gelagerte Goldwährungsepoche, sondern auch die I d e o l o g i e d e r „D o l l a r k n a p p h e i t", die *Harrod* eine der albernsten Phrasen genannt hat, die je geprägt wurden. Wenn in der Diskussion gesagt wurde, daß man im Auslande einheitlich für das Festhalten der alten Paritäten sei, so muß dem überhaupt widersprochen werden; es sei dabei für die Schweiz nur an *Boßhardt* und *Küng* erinnert.

Sehr gut waren die Ausführungen des Referenten über die I r r l e h r e, d a ß a u c h b i l l i g s e i n s o l l e, w a s k n a p p i s t. Im Gegenteil, wir dürfen keine Angst vor Preis- und Kurssteigerungen von knappen Waren und Devisen haben. Sie sind nicht mehr knapp, wenn der Preis erst gestiegen ist.

Ich möchte daher von der internationalen Sicht aus die Forderung des Referenten in Richtung auf G l e i c h g e w i c h t s k u r s e für besonders b e r e c h t i g t erklären. Sie bedeutet im Grunde die Wiederherstellung der Ehrlichkeit und Preiswahrheit auf den Devisenmärkten. Sie b e s e i t i g t eine Unmenge von unsozialen Extra-Profiten, die heute ohne Arbeit durch Handeln zwischen den vielfachen Kursen überall in der Welt verdient werden und die von den schwerarbeitenden Völkern wie eine A u s b e u t u n g s r e n t e bezahlt werden müssen. Eine solche Kurspolitik würde zugleich in wirksamer Weise die Kompensation und den Hauptteil der Devisenzwangswirtschaft im internationalen Verkehr beseitigen. Als Schuldner Amerikas müssen wir uns darüber klar sein, daß ohne Gleichgewichtskurse an einen A b b a u d e r H a n d e l s h e m m n i s s e und an unseren friedlichen Einbau in die Weltwirtschaft nicht gedacht werden kann. Dasselbe gilt für die übrigen europäischen Länder.

Dr. HELMUT MEINHOLD (Frankfurt):

1. Herr *Meyer* ist davon ausgegangen, daß unsere Ausfuhren und damit die selbst bezahlten Einfuhren 500 Mill. Doll. im laufenden Jahr

betragen würden. Dazu dürften folgende Bemerkungen interessant sein:
Die Ausfuhr mag sogar 600 Mill. Doll. betragen. Die dem gegenüberstehende Einfuhr wird jedoch beträchtlich niedriger liegen, da die JEIA Einfuhrkontrakte erst abschließt, wenn das Geld für die Ausfuhren herein ist. Die Einfuhr erfolgt also später und, bei aufsteigendem Trend, jeweils in geringerer Summe als die Ausfuhr.
2. Die Dollarklausel wird allgemein nur als negativ angesehen. Sie hat aber auch Vorteile. Dadurch, daß wir nur gegen Dollar ausführten, waren wir in der Lage, einen multilateralen Zahlungsbilanzausgleich herbeizuführen. Wenn wir jetzt europäische Devisen einnehmen, müssen wir Europabilanz und Dollarbilanz in sich ausgleichen. Bei dem traditionellen Europaüberschuß und Überseeunterschuß des deutschen Außenhandels ergibt sich daraus ein Außenhandelsproblem der deutschen Wirtschaft, das an praktischem Gewicht die meisten übrigen überschattet.
Konsequenz für das Thema Wechselkurs: Der Ausgleich würde erfolgen durch einen niedrigen Kurs der europäischen Währung und einen hohen Kurs des Dollars. Das wäre volkswirtschaftlich richtig. Da aber die USA an der Ausfuhr nach Deutschland interessiert sind, werden sie ihrerseits durch ständige Anleihen den Dollarkurs drücken. Die Folge ist regelmäßige Einstellung der deutschen Einfuhren auf derartige Anleihen. Fallen sie einmal aus, was wenigstens so lange immer möglich ist, als die Anleihen staatlich gegeben werden, würde die Auswirkung auf unsere dollarabhängige Ernährungseinfuhr katastrophal sein. Amerika wird also bemüht sein, durch Anleihegebung die von Professor *Rittershausen* in der Grundlinie richtig, wenn auch in Einzeldingen nicht zutreffend geschilderte Autarkisierungswirkung der Pariser Marshallplan-Praxis zu unterbrechen.
3. Dr. *Miksch* hat zu Beginn für die Währungsreform das Voranstellen zu vieler Voraussetzungen, die praktisch nur verzögernd gewirkt haben, kritisiert. Ein gleicher Fehler darf bezüglich des Wechselkurses nicht wiederholt werden. Dennoch ist zwar nicht langfristig, aber für die Gegenwart folgende güterwirtschaftliche Problematik wichtig: Der Gleichgewichtswechselkurs würde sofortigen starken Exportreiz bedeuten. Die Wirkung auf die Produktion, die durch entsprechend gesteigerte Rohstoffimporte zu erzielen wäre, würde mit beträchtlichem Zeitabstand erfolgen, da die Einfuhr und die Verarbeitung Zeit benötigen. Die Folge wäre im Moment eine Verminderung des für inländischen Gebrauch verfügbaren Gütervolumens, damit gleichzeitig eine Stärkung vorhandener inflationistischer Tendenzen. Es bedarf hier also einer Überbrückungslösung.

Dr. LEONHARD MIKSCH (Frankfurt/Main):

Ich möchte an die Ausführungen Professor *Egners* anknüpfen, von der historischen Situation ausgehen, aber einen anderen Schluß daraus ziehen. Wir haben seit 1914 schwere Kriege in Europa gehabt. Sie haben bewirkt, daß die Planwirtschaft eingeführt und im Zusammenhang damit eine einst blühende Wirtschaft gründlich ruiniert worden ist. Wie es weitergeht, wissen wir nicht genau. Wir dürfen uns jedenfalls nicht wundern, wenn wir noch zwei bis drei Jahrzehnte warten müssen, bis wir zu einer gesunden Wirtschaft zurückkehren können. Aber wir müssen trotzdem alles Erdenkliche tun, um zu einer vernünftigen Wirtschaft zu kommen. Ich sehe nicht ein, warum Rumpfdeutschland sich eines Tages nicht selbständig ernähren sollte. Die Grenzen Deutschlands waren stets ein historischer Zufall, warum soll sich die Wirtschaft nicht neuen Grenzen angleichen? Es wäre möglich, wenn eine richtige Wirtschaftspolitik betrieben würde. Vor dem Juni war das Bewirtschaftungssystem so verrottet, daß damit nichts mehr anzufangen war. Also wurde der Markt eingeschaltet. Viele sagten, das ginge nicht, dieser Weg würde zur Katastrophe führen. Es gab keine Katastrophe. Die Elastizitätsmängel im Außenhandel waren einkalkuliert. Man hoffte allerdings, daß die Leute einige Wochen lang sehr knapp mit Kaufkraft ausgestattet sein und die Konsumenten von der Vorstellung, daß das Geld nichts wert sei, geheilt werden würden. Aber dafür war die Geldversorgung zu reichlich. Die Konsumenten kauften sofort, und die Unternehmer hielten die Ware wieder zurück. Wenn die Geldmenge jetzt konstant gehalten wird, so wird die Preisentwicklung sich konsolidieren. Die überschüssigen Geldmengen verbreiten sich über die Wirtschaft, das Konsumentengeld wird Geschäftsguthaben und ist dann in den üblichen Zyklus eingeschaltet. Jedenfalls steht einwandfrei fest, daß die sozialen Verhältnisse sich in jeder Hinsicht gebessert haben. Die Kinder in den Schulen haben neue Schuhe, die soziale Verteilung ist gerechter, die arbeitende Bevölkerung steht wieder im Vordergrund. Durch Befragungen des Bielefelder Institutes Emnid ist festgestellt worden, daß vor der Reform der Bauer und Fabrikant besser lebten, heute aber der Arbeiter und Angestellte. Die Preisfreigabe hat übrigens nur bestimmte Preisbestimmungen suspendiert. Man könnte den Preisstop wieder einführen und wäre deshalb nicht inkonsequent. Aber es wäre töricht. Bis jetzt hat es genügt, Normalpreise zu veröffentlichen, was nicht im Widerspruch zur Marktwirtschaft steht. Es ist eine reine Publizitätsmaßnahme, die die Marktübersicht erhöht. Und wenn man den Wettbewerb fördert, etwa durch Ausschreibung der Rohstoffzuteilung, so daß der Billigste den Zuschlag erhält, so ist auch das eine rein marktwirtschaftliche Maßnahme. Daß dabei der Staat auftritt, ist völlig gleichgültig. Von einer „freien Wirtschaft" war nie die Rede. Zum Referatsproblem sei gesagt, daß hier die gleiche Situation vorliegt. Wir müssen von uns aus versuchen, wieder zum Gleichgewichtspreis zurückzukommen. Im Augenblick ist es für die Durchführung noch etwas früh, weil die Herabsetzung des Währungskurses die Rohstoffe verteuern und das innere Preisniveau erneut erschüttern würde. Aber man muß das Ziel schon jetzt ins Auge fassen. Es handelt sich hier um die gleiche Aufgabe, wie sie vor der Währungsreform im Inneren bestanden hat. Man hat wieder dieselben Gegenargumente zur Hand, aber über den Gleichgewichtspreis führt der einzige Weg, auf dem man aus den Schwierigkeiten herauskommen kann.

Professor Dr. S. L. GABRIEL (Wiesbaden):

Die bisherige Diskussion konnte den Anschein erwecken, als ob die Herstellung eines Gleichgewichtswechselkurses zur Zeit möglich sei. Ich halte das für ganz ausgeschlossen. Es gibt natürlich immer ein Kursniveau, bei dem die Zahlungsbilanz ausgeglichen ist. Aber es kann ebensowenig bezweifelt werden, daß dieser Kurs unter den gegenwärtigen Voraussetzungen die lebenswichtige Einfuhr prohibitiv verteuern würde. Man könnte allerdings einwenden, daß der Charakter der „Lebenswichtigkeit" einer Einfuhr nicht genügend exakt bestimmbar sei und daß wir uns eben entsprechend einzuschränken hätten. Aber es gibt doch ein Minimum an Einfuhrvolumen, das nicht unterschritten werden darf, wenn nicht wiederum unsere Exportfähigkeit leiden soll. Dies gilt nicht nur für den Bezug von Erzen, Rohöl, Metallen, Textilrohstoffen usw., sondern ebenso zwingend auch für die Versorgung mit Nahrungsmitteln, soweit sie zur Sicherung der Arbeitsfähigkeit der Bevölkerung eingeführt werden müssen. Ein Wechselkurs, der theoretisch den zur Erzielung eines bestimmten Ausfuhrvolumens erforderlichen Kostenvorsprung bieten würde, kann daher eben diese Ausfuhrsteigerung dadurch verhindern, daß er den Bezug der notwendigen Vorprodukte und Lebensmittel durch deren Verteuerung unterbindet. In diesem Zusammenhang dürfen wir nicht vergessen, daß unsere Lebensmitteleinfuhren schon jetzt nur zum geringsten Teil zum 30-Centskurs, zu über 90 Proz. jedoch zu Kursen abgewickelt werden, die weit darüber liegen. So würde z. B. Importweizen, der heute für 206 Mark im Inland abgegeben wird — was einem Kurs von 51 entspricht — schon bei einem Kurs von 30 Cents rund 357 Mark kosten. Bei einem Kurs von 25 Cents, wie er verschiedentlich genannt wurde, würde er jedoch 428 Mark, bei einem Kurs von 20 Cents sogar 535 Mark kosten! Schon heute muß daher die Einfuhr subventioniert werden, um überhaupt das Lohnniveau halten zu können. Außerdem wird man die Möglichkeit, den Export nennenswert zu steigern, schon mit Rücksicht auf die geringe Angebotselastizität unserer Exportindustrie nicht überschätzen dürfen.

Wenn man trotzdem an eine Senkung des Außenwertes der Mark denken sollte, dann müßte man entweder eine Reihe wichtiger Einfuhrgüter — darunter auch industrielle Rohstoffe — zu einem erheblich höheren Kurs abrechnen oder aber, falls dies international auf Ablehnung stoßen sollte, deren Einfuhrpreise subventionieren. Wir haben gar nicht die Wahl, anders zu verfahren, da unsere Verarbeitungsspanne, d. h. die Differenz zwischen den Preisen für Rohstoffe und Fertigwaren, wesentlich größer ist als im Auslande und überdies nur allmählich verringert werden kann. Würden wir daher den Außenhandel zu einem einheitlichen Kurs ohne Subventionen und Kontrollen abwickeln, dann kämen überhaupt keine Rohstoffe, sondern nur noch Fertigwaren herein — mit dem Erfolg, daß wir in ein bis zwei Monaten am Ende unserer Devisenvorräte angelangt wären. Ich halte daher die Beibehaltung von Einfuhrsubventionen oder spezieller Einfuhrkurse sowie bestimmter Einfuhrkontrollen für unerläßlich. Auch damit befinden wir uns übrigens — wie ein Blick auf England, Frankreich oder Italien zeigt — in guter Gesellschaft.

Professor Dr. FRITZ SCHMIDT (Frankfurt):

Der heutige Zustand der deutschen Außenwirtschaft beweist, daß es für eine Volkswirtschaft möglich ist, innerhalb von zwanzig Jahren vom Zustand höchster technischer Entwicklung auf den der absoluten Primitivität abzusinken. Die heutigen Methoden sind Lehrlingsarbeit in der Weltwirtschaft. Es war einmal möglich, auf telegraphischem Wege mit China oder Indien ein Großgeschäft abzuschließen und in der gleichen Stunde das entstandene Guthaben aus Taels oder Rupien in Pfunde oder Dollar durch die Arbitrage umzuwandeln und sofort zu Einkäufen in irgendeinem Lande der Welt zu verwenden. Heute liegt zwischen Beginn und Ende solcher Geschäfte die Zeit von Monaten und ein Berg von Formularen und Genehmigungen, die praktisch den Abschluß der meisten Geschäfte unmöglich machen, weil ausländische Käufer und Verkäufer sich das Warten und die Fülle der Formalitäten und Unsicherheiten nur gestatten können, wenn die Geschäfte ganz außergewöhnliche Vorteile bieten.

Über die seit 1931 eingeführten deutschen Methoden der Außenhandelsregelung hat der frühere amerikanische Handelsattaché *Douglas*

Miller in seiner Schrift: "You can't do business with Hitler" sehr kritisch geurteilt, wie müßte er objektiv erst den heutigen Zustand bewerten. Dabei ist zu berücksichtigen, daß 1931 Deutschland zur Außenhandelsregelung gezwungen war, weil die Bankenkrise und die Reste der Reparationsverpflichtungen keinen anderen Weg offen ließen, während heute jede Erschwerung des deutschen Außenhandels die Möglichkeit eines Ausgleichs der deutschen Verpflichtungen aus der Nahrungs- und Rohstoffzufuhr durch Exporte immer weiter und dies auf Kosten der amerikanischen Steuerzahler hinausschiebt. Wir hatten bis 1945 alle denkbaren Methoden: Einzeltausch, bilaterales Clearing, multilaterales Clearing, Exportzuschüsse mit gestaffelten Wechselkursen und verschiedenen Sorten von Markguthaben der Ausländer durchprobiert, und *Schacht* hat dann seinen Neuen Plan nach dem Zeugnis von *Miller* sogar zu einem Instrument der Beherrschungspolitik gemacht. Aber die JEIA hat nach 1945 wieder ganz unten angefangen. Zuerst arbeitete sie mit variablen Wechselkursen, jetzt mit dem Einheitskurs von 30 Cents pro DM. In der Formularwirtschaft zeigt sich eine Üppigkeit, die sich in USA sicherlich die Wirtschaft nicht gefallen lassen würde. Am schlimmsten wirkt sich der monatelange Schwebezustand aus, den nur wenige Auslandsgeschäfte vertragen. Ist dann wirklich ein Geschäft zustande gekommen, so dauert es nochmals Monate, bis der Erlös für Einkäufe zur Verfügung steht, obgleich die Produzenten dadurch gehindert werden, rechtzeitig neue Exportwaren herzustellen.

Nahezu jeder ausländische Käufer braucht die sofortige Entscheidung über die Durchführbarkeit von Geschäften und muß anderwärts einkaufen, wenn Deutschland dazu nicht imstande ist. Ein schweres Hemmnis des Außenhandels liegt in der Dollarklausel. Sie kann nur einer sehr primitiven Denkweise entstammen. Sie wäre möglich, wenn auch in Europa der Dollar Währungsgeld wäre. Derzeit aber können Dollarguthaben nur aus den Exporten entstehen, die nach den USA gehen. Da aber die Handelsbilanz der USA aktiv ist, so werden die aus europäischen Exporten entstehenden Dollarguthaben vollkommen für die Bezahlung der amerikanischen Exporte absorbiert. Eine Erleichterung erwächst für die Zukunft aus den vielfachen Krediten, die von Amerika nach Europa gegeben werden, aber selbst bei diesen ist noch zweifelhaft, ob die Empfänger bereit sind, sie gerade zu Einkäufen in Deutschland zu verwenden; ist es doch natürlich, daß Amerika seine Kredite am willigsten gibt, wenn dafür dort auch gekauft und die Binnenproduktion gefördert wird. Das heute geltende System der deutschen Außenwirtschaft zeigt alle Mängel der Planwirtschaft, es kann bestenfalls Geschäfte in Massenprodukten bewältigen, versagt aber gegenüber der ungeheuren Vielfalt des weltwirtschaftlichen

Bedarfs. Wenn es andauert, muß die liberale Gestaltung der Produktion, die Ausdruck der Menschenfreiheit ist, dem Einheitsprodukt weichen.

Will man politisches Handeln verstehen, so sucht man nach den Motiven, aber es ist nicht leicht, die der JEIA zu erkennen. Mag am Anfang eine Tendenz von Rache oder Vergeltung mitgespielt haben, so wäre das ein teures Experiment für die USA gewesen. Viel mag die Unkenntnis der Außenhandelstechnik zum heutigen Zustand beigetragen haben, denn der Außenhandel verlangt eine Fülle von Spezialkenntnissen, die nur wenige besitzen. Jetzt ist das System schon in einen Zustand der Beharrung eingetreten, der es erschwert, es zu verbessern. Wirtschaftlich verständlich wäre das Bestreben der USA, die Binnenwirtschaft durch Lieferungen an das Ausland zu stützen und damit der Furcht vor der Krise entgegenzuwirken, weil stärkere Ausfuhr auch die Inlandspreise auf höherem Stande erhält. Glücklicherweise besteht die Hoffnung, daß die Formen der deutschen Außenwirtschaft verbessert werden. Jedenfalls müßten bald die folgenden Forderungen erfüllt werden, wenn ein erträgliches Ergebnis erreicht werden sollte:

1. Der Export wäre vollkommen frei in die Hände der erfahrenen deutschen Exporteure zu geben.
2. Solange die Möglichkeiten der Einfuhr relativ beschränkt bleiben, muß man sie auf die lebenswichtigen Güter beschränken und zu dem Zwecke die durch Ausfuhr erlangten Devisen erfassen und verteilen.
3. Der Export sollte Fertigwaren mit hohem Anteil an Inlandskosten und der Import Rohstoffe bevorzugen.
4. Ausweitung der Außenhandelsquote setzt aber voraus, daß die Leistung der deutschen Inlandswirtschaft gehoben wird. Wenn wir vor der Währungsreform etwa 36 Proz. und danach etwa 50 bis 60 Proz. der produktiven Leistung von 1936 erzielten, so bleibt noch viel Raum zu weiterer Verbesserung, die trotz vieler Schwierigkeiten noch möglich ist und allein die Hebung des Lebensstandards in Deutschland bewirken kann.
5. Zur Leistungssteigerung gehört auch die Vollbeschäftigung der Betriebe, aber ohne Subventionen. Nur bei Vollbeschäftigung erreicht man die niedrigsten Kosten, und selbst wenn ein Betrieb nicht vollbeschäftigt ist, muß er doch so kalkulieren, als ob er es wäre, weil andernfalls die überhöhten Preise dazu führen, daß er nie vollbeschäftigt wird.

Zum Wechselkurs. Der Wechselkurs ist der Einheitspreis für Güter und Dienste in der Außenwirtschaft. In der Praxis kommt sowohl der Einheitskurs wie auch der nach Warenarten variierende

Kurs vor. Der Einheitskurs ist der Maßstab für eine arbeitsteilige Weltwirtschaft, weil er die Leistungen des Inlandes eindeutig in zwei Gruppen zerlegt, in diejenigen, die beim Kostenstande des Inlandes exportfähig sind, und die anderen, die zu hoch im Preise stehen. Ein Land, das, wie jetzt Deutschland, stark auf den Außenhandel angewiesen ist, muß danach die exportfähigen Leistungen vermehrt herstellen, um die lebenswichtigen Auslandsgüter dagegen zu tauschen. Der Einheitskurs kann ein **dauernd stabiler** Wechselkurs sein, doch setzt dies nicht nur eine beruhigte Inlandswirtschaft, sondern auch ausgeglichene Verhältnisse aller Gegenländer voraus. Ein Wechselkurs kann auch bei vollkommen gleichbleibendem Inlandspreisniveau schwanken, wenn sich die Zahlungsbilanz in Gegenländern grundlegend verschiebt. Einheitskurs ist aber auch möglich, wenn er im **Zeitraum** verändert wird, aber im **Zeitpunkt** gleich ist. Das ist durchaus erwünscht, wenn sich die Zahlungsbilanzen erheblich verschieben. Wird aber der Wechselkurs im Rahmen einer Wirtschaftslenkung für die Warenarten verschieden festgesetzt und werden weiter gar noch durch Export- oder Importzuschüsse Veränderungen des freien Preises vorgenommen, so wird die inländische Volkswirtschaft in ihrem Preisspiegel gegenüber dem Ausland willkürlich geändert, und man tauscht nicht mehr in den günstigsten Verhältnissen.

Der Wunschtraum aller Bankiers ist der dauernd stabile Wechselkurs, weil das ihre Kreditaktionen sehr erleichtert, doch können sie die gleiche Sicherheit erreichen, wenn sie ihre Kredite in einer gefestigten Auslandswährung geben. Solange Deutschland jedes Goldbestandes oder Devisenpolsters als Ausgleichmittels für kleinere Schwankungen entbehrt, solange es unmöglich ist, vorauszusehen, wie seine Forderungs- und Zahlungsbilanz in einem Jahre stehen wird, ist es auch unmöglich, einen dauernd stabilen Wechselkurs zu bestimmen, noch dazu, wenn auch die Währungen anderer Länder noch keineswegs stabil sind. Jede Veränderung der Forderungsbilanz bedingt auch einen anderen Wechselkurs, und im übrigen weiß der Kaufmann auch mit solchen Schwankungen fertig zu werden. Entscheidet man sich aber jetzt schon für einen später nicht mehr ausgleichsfähigen Wechselkkurs, so wird man ihn nur durch die Zwangsjacke einer radikalen und unproduktiven Wirtschaftslenkung aufrecht erhalten können und schließlich als letztes Mittel die noch schwierigere Anpassung des gesamten Inlandspreisniveaus vornehmen müssen.

Nach der Verstümmelung unseres Gebietes wächst unser Brot auf überseeischen Äckern, und wir können es nur durch vermehrte Ausfuhr auf die Dauer sichern. Aber England, Belgien, Holland sind in der gleichen Lage und haben es trotzdem zu hohem Wohlstand gebracht, freilich nur, weil für sie sich eine hochproduktive Binnenwirtschaft mit freiestem Handel in der Weltwirtschaft verband. Will man Deutschland zum selbständigen wirtschaftlichen Leben verhelfen, so muß man ihm Gleiches gewähren.

Professor Dr. ERICH SCHNEIDER (Kiel):

Das Referat von Herrn *Meyer* enthält einen wertvollen Ansatz zu einer Anwendung der Theorie der Marktformen auf Fragen des Außenhandels. Eine Weiterführung dieses Gedankens dürfte sich als außerordentlich fruchtbar erweisen. Gerade aus der Theorie der Marktformen und der Verhaltensweisen der handelnden Subjekte ergibt sich, daß der Wirtschaftsablauf wesentlich von den im Rahmen einer bestimmten morphologischen Marktform zur Anwendung kommenden Verhaltensweisen abhängt. Die Verhaltensweise eines Subjekts kann immer nur der von den Kontrahenten angewandten Verhaltensweise konform sein. Wir können nicht, um es bildhaft auszudrücken, nach den Regeln des 66-Spiels spielen, wenn die Kontrahenten nach den Regeln des Bridge spielen. Bei der Diskussion über die Frage: freier oder gebundener Außenhandel scheint mir diese Tatsache nicht genügend berücksichtigt worden zu sein.

Zur Frage der Vollbeschäftigung möchte ich gegenüber Herrn *Wessels* erwidern, daß die wirtschaftspolitische Forderung nach Vollbeschäftigung nicht einer Resignation entspringt, sondern Ausdruck des Willens ist, den breiten Massen Arbeitsmöglichkeit und wirtschaftliche Sicherheit an jedem Ort und zu jeder Zeit zu geben. Im Rahmen einer freien, sich selbst überlassenen Marktwirtschaft ist bekanntlich Vollbeschäftigung nicht automatisch erreichbar, weshalb nach Mitteln gesucht werden muß, um die der freien Marktwirtschaft immanenten, auf Unterbeschäftigung tendierenden Kräfte zu neutralisieren.

Schlußwort des Referenten Dr. FRITZ W. MEYER (Kiel-Bonn):

Meine Damen und Herren!

Mit Rücksicht auf die vorgerückte Zeit und nach den Diskussionsbeiträgen von Herrn *Miksch* und besonders von Herrn *Rittershausen,* in denen die wichtigsten Punkte einer Antikritik schon behandelt wurden, kann ich mich sehr kurz fassen. Ich will nur noch einmal den Gedankengang unterstreichen, der — wie die Einwendungen zeigen — in meinem Referat vielleicht nicht genügend klar zum Ausdruck gekommen ist.

Der deutsche Außenhandel befindet sich in einer verzweifelten Lage. Der Export ist außerordentlich klein, damit ist auch die Möglichkeit zu importieren geringfügig. Auf der anderen Seite ist aber jegliche Aufwärtsentwicklung der inneren Produktion vollständig von der Entwicklung der Einfuhr abhängig. Infolge der strukturellen Veränderungen ist Westdeutschland jetzt in höchstem Maß auslandsabhängig, und der Ausweg in die Autarkiepolitik ist durch die Bestimmungen des Industrieplans verbaut.

In dieser Situation kommt nun der Vorschlag von *Gutt,* der etwa besagt: Verhaltet euch ruhig, laßt den gegebenen Zustand weiterbestehen. Über kurz oder lang, vielleicht in einem Jahr, hat sich die Wirtschaft Westdeutschlands soweit entwickelt und gekräftigt, daß ihr durch Normalisierung des Wechselkurses den Export forcieren könnt. — Dagegen bin ich nun der Ansicht, daß sich durch einfaches Verharren in der bestehenden Ordnung des Außenhandels bei dem Verrechnungskurs von 30-Dollar-Cents gar nichts entwickelt und kräftigt. Vielmehr wird, wenn wir bei dem bestehenden Zustand bleiben, Stagnation des Außenhandels und damit auch Stagnation der binnenwirtschaftlichen Entwicklung die Folge sein.

Was sollten wir tun, welche Anstrengungen müßten wir unternehmen, um der weiteren Stagnation unseres Exports zu entgehen? Hier müssen wir, glaube ich, die Alternative richtig sehen. Es geht nicht um die Frage, ob wir lieber durch Verzicht auf Normalisierung des Wechselkurses billig importieren wollen oder nicht, sondern, ob wir überhaupt exportieren wollen. Entweder exportieren wir durch Subventionen oder durch Anpassung des Wechselkurses, d. h. in beiden Fällen wird uns die Anpassung der Preise etwas kosten, denn auch die Subventionen müssen irgendwo hergenommen werden. Unterlassen wir die Anpassung des Wechselkurses, die aus zahlreichen Gründen den Subventionen vorzuziehen ist, dann wird uns dadurch gar nichts geschenkt.

Überdies glaube ich, daß die Funktion des Wechselkurses vielfach nicht ganz richtig gesehen wird. Es kommt nicht nur darauf an, daß der Wechselkurs so niedrig liegt, damit unsere Exportgüter an den Auslandsmärkten konkurrenzfähig sind. Sondern der Wechselkurs entscheidet ja zugleich darüber, welcher Teil der inländischen Erzeugung dem Inlandsmarkt verbleibt und welcher Teil an die ausländischen Märkte kommt. Er legt gewissermaßen auf jedem Markt eine Zäsur, welche für einen bestimmten Teil der Erzeugung die inländische Nachfrage abschaltet. Durch einen überhöhten Wechselkurs liegt die Zäsur an den einzelnen Märkten zu hoch. Es wird von der eigenen Erzeugung zu viel selbst verbraucht. Die Exporteure sind unter dieser Bedingung weder daran interessiert noch gezwun-

gen, zu exportieren. Der Absatz auf dem Binnenmarkt ist lohnender. Dieser Zustand ist nicht haltbar. — Wir sollten also nicht fragen, ob wir bei billigen Importen bleiben oder teuerer importieren wollen, sondern fragen, ob wir mehr oder weniger exportieren wollen.
Und dann will ich noch kurz auf die Frage eingehen, die Herr Kollege *Hoffmann* angeschnitten hat. Er hat eingewendet, es sei fraglich, ob unser Wechselkurs überhaupt überhöht sei. — Ich glaube, daß diese Tatsache keines Beweises durch Vergleich von Preisindices bedarf. Es genügt schon, zu erkennen, daß der Import im Verhältnis zur Nachfrage nach Importgütern außerordentlich stark reguliert werden muß und daß zum Export nicht entfernt soviel angeboten wird, wie nötig wäre, um den Importbedarf zu befriedigen. Diese Tatsache beweist die Überhöhung des Wechselkurses. Wenn zugunsten einer Normalisierung des Kurses, die allerdings nur im Rahmen eines freien Außenhandels Sinn hat, nichts unternommen wird, werden wir uns bald vor einer sehr ernsten Situation befinden.

Schlußwort des Verhandlungsleiters Geheimen Regierungsrats Professors Dr. AD. WEBER (München):

Meine Damen und Herren!

Vor Jahrzehnten hat *Gustav Schmoller* das Wesen des Vereins für Sozialpolitik dahingehend charakterisiert, es handle sich bei ihm darum, wissenschaftliche Grundlagen für praktische Ziele zu beschaffen. Wir haben den wissenschaftlichen Charakter unseres Vereins immer sehr ernst genommen. Als in Mannheim bei einer sehr hitzigen Debatte um sozialpolitische Probleme parteipolitische und interessenpolitische Erwägungen zu stark betont wurden, trat eine Reihe jüngerer Kollegen aus dem Verein aus; wir machten erst Jahre später unseren Entschluß rückgängig, nachdem Garantien dafür geboten waren, daß an den wissenschaftlichen Grundlagen des Vereins nicht gerüttelt werde. Im Rahmen unserer wissenschaftlichen Bestrebungen ist weitgehende Meinungsfreiheit selbstverständlich. Damit diese Meinungsfreiheit mit allen Konsequenzen gewahrt bleibt, ist es seit Jahrzehnten als gute Sitte respektiert worden, daß der Vorsitzende am Schluß einer Verhandlung nicht den Versuch macht, die Ergebnisse der Beratungen zusammenzufassen, weil dabei die persönliche Meinung des Vorsitzenden, wenn auch ungewollt, zu starke Geltung bekommen könnte. Daher verzichte ich auch diesmal darauf, Ergebnisse der heutigen Verhandlungen festzustellen. Immerhin ist es nicht uninteressant, darauf aufmerksam zu machen, wie das vorhin Herr Kollege *Stucken* in einer privaten Unterredung tat, daß bei

Schlußwort: Geheimrat Professor Dr. Weber (München)

unseren heutigen handelspolitischen Erörterungen von keiner Seite auch nur das Wort „Zoll" Erwähnung fand; in den früheren handelspolitischen Debatten wäre das schlechtweg undenkbar gewesen. Das mag ein Beweis dafür sein, daß wir immer wieder bemüht sind, unbefangen den Zeitumständen Rechnung zu tragen. Auch kann ich ganz allgemein feststellen, daß wir trotz allen Meinungsverschiedenheiten dennoch in den Grundgedanken weit mehr einig sind, als das bei den parteipolitischen Erörterungen der Fall ist. Wie vor 24 Jahren ist auch heute wieder unser gemeinsames Ziel, der volkswirtschaftlichen Vernunft den Weg zu bahnen. Was das praktisch bedeutet, wurde in vortrefflicher Weise durch den amerikanischen *Herter*-Ausschuß formuliert, dessen Vorschläge von der Absicht getragen sind: Deutschland auf die Füße zu stellen, den Steuerzahler der Vereinigten Staaten von den immensen Besatzungskosten zu befreien, die großen Fähigkeiten des deutschen Volkes für die Stabilität der Welt und für den europäischen Wiederaufbau nutzbar zu machen und die freien Staaten Europas als ein Bollwerk des Weltfriedens und menschlicher und politischer Freiheit zu errichten. — Dem haben wir nichts hinzuzufügen, das ist auch unser Ziel.

Ich schließe mit nochmaligem herzlichen Dank an den Herrn Referenten, aber auch an alle Diskussionsredner, die mitgeholfen haben, daß unsere Verhandlungen sich auf hohem wissenschaftlichen Niveau bewegten.

Zweiter Tag

Zweiter Tag
Donnerstag, den 16. September 1948

Mitgliederversammlung

Unter dem Präsidium von Professor *Carl Brinkmann* wird am Vormittag des zweiten Tages gegen 10 Uhr die erste Mitgliederversammlung eröffnet, die der Konstituierung der bereits in Rothenburg beschlossenen[1]) Gründung einer wirtschaftswissenschaftlichen Vereinigung gewidmet ist.

Auf Vorschlag des Verhandlungsleiters wird zunächst die Satzung an Hand der auf einer Ausschußtagung in Schönberg bei Frankfurt am 8. April 1948 ausgearbeiteten und von dem dortselbst ergänzten vorläufigen Vorstand vorgelegten Entwurfes, der den Tagungsteilnehmern mit der Einladung zugeleitet worden war, beraten. Es herrscht Einigkeit darüber, daß die Vereinigung sowohl die volkswirtschaftlichen und die betriebswirtschaftlichen Hochschullehrer als auch an der wissenschaftlichen Erörterung wirtschaftlicher und sozialer Fragen interessierte Praktiker umfassen soll. Nach kurzer Beratung wird festgelegt, daß sich die wissenschaftlichen Aufgaben der Vereinigung auf „wirtschafts- und sozialwissenschaftliche sowie wirtschafts- und sozialpolitische Probleme" erstrecken. Ferner wird beschlossen, daß der Verein außer der Klärung von Fach- und Studienfragen der Volks- und Betriebswirtschaftslehre auch die Berufsvertretung ihrer Hochschullehrer als weitere Aufgabe übernimmt. Den Wünschen der Betriebswirte entsprechend wird außerdem vorgesehen, daß ein besonderer betriebswirtschaftlicher Ausschuß gebildet wird, dem es freisteht, Sondertagungen durchzuführen. Einstimmigkeit besteht darüber, daß sich der Verein auch die Pflege der Beziehungen zur Fachwissenschaft des Auslandes zum Ziele setzt. Auch im übrigen wird die zur Annahme vorgelegte Satzung mit geringfügigen Abweichungen von der Versammlung gebilligt.

Bei der sich anschließenden Diskussion über die Namensgebung erweist sich, daß die überwiegende Zahl der Anwesenden aus Gründen der Tradition für die Beibehaltung des alten Namens eintritt. Von einer nicht geringen Minderheit werden indessen neue Formulierungen vorgeschlagen. Insbesondere wird geltend gemacht, daß sich das Anliegen der Vereinigung seit Gründung des Vereins für Sozialpolitik im Jahr 1872 nicht unerheblich gewandelt hat und der alte Name infolgedessen sachlich nicht mehr zutrifft. Auch werden von den Betriebswirten Bedenken geäußert, ob die Vertreter ihres Faches geneigt sein würden, einer Vereinigung, die den früheren Namen weiter-

---
[1]) Siehe Anhang, I.

führt, beizutreten. Es wird daher der Vorschlag gemacht, den alten Namen zwar beizubehalten, aber durch einen klärenden Untertitel zu ergänzen. Da vor allem auch die Betriebswirte sich mit dieser Lösung einverstanden erklären, wird der Antrag, der Vereinigung den Namen

Verein für Sozialpolitik
Gesellschaft für Wirtschafts- und Sozialwissenschaften

zu geben, mit überwältigender Mehrheit angenommen. Die zum Beschluß erhobene Satzung ist im Anhang abgedruckt[2]).

Bei den sich anschließenden Vorstandswahlen wird Professor *Gerhard Albrecht*, Marburg, dem bereits in Rothenburg der vorläufige Vorsitz übertragen worden war, einstimmig zum ersten Vorsitzenden gewählt. Zum stellvertretenden Vorsitzenden und zugleich als Vertreter der Betriebswirte im engeren Vorstand wird Professor *Erich Gutenberg*, Frankfurt, zum Schatzmeister Geheimer Regierungsrat Professor *Christian Eckert*, Worms, und zum Schriftführer Dr. *Helmut Arndt*, Marburg, von der Versammlung berufen. In den weiteren Vorstand werden die Professoren *Carl Brinkmann*, Tübingen, *Wilhelm Gerloff*, Frankfurt, *Georg Max Jahn*, Berlin, *Walther Hoffmann*, Münster, *Anton Felix Napp-Zinn*, Mainz, *Bruno Rogowsky*, Berlin, *Rudolf Stucken*, Erlangen, *Adolf Weber*, München, und *Theodor Wessels*, Köln, durch Zuruf gewählt. Die Umbildung des Vorstandes unter Berücksichtigung des künftigen Mitgliederbestandes derart, daß auch Vertreter der Praxis Sitz und Stimme in ihm erhalten, soll sobald wie möglich erfolgen.

Schon in Rothenburg war ein Ausschuß für soziale Gestaltung der Wirtschaftsordnung unter dem Vorsitz von Professor *Walter Weddigen* ins Leben gerufen worden, dessen Zusammensetzung entsprechend den Vorschlägen seines Vorsitzenden ergänzt wird. Ihm gehören hiernach an Professor *Carl Brinkmann*, Tübingen, Professor *Gerhard Mackenroth*, Kiel, Dr. *Fritz W. Meyer*, Kiel, Dr. *Leonhard Miksch*, Frankfurt, Professor *Alfred Müller-Armack*, Münster i. W., Dr. *Hans Dietrich Ortlieb*, Hamburg, Dr. *Fritz Reuter*, München, Professor *Gisbert Rittig*, Göttingen, Professor *Hans Ritschl*, Hamburg, Dr. *Fritz Voigt*, Erlangen, Professor *Walter Weddigen*, Nürnberg, und Professor *Theodor Wessels*, Köln. Ferner wird beschlossen, Ausschüsse für Wirtschaftstheorie und theoretische Statistik, Wirtschaftspolitik, Betriebswirtschaftslehre, Finanzwissenschaft, Wirtschaftsgeschichte und Sozialpolitik zu bilden. Als Vorläufer des Ausschusses für Sozialpolitik ist der vorerwähnte Ausschuß unter dem Vorsitz von Professor *Walter Weddigen* anzusehen, der die Heraus-

---

[2]) Siehe Anhang, IV.

gabe einer Untersuchung unter dem Titel „Soziale Gestaltung der Wirtschaftsordnung" vorbereitet. Einvernehmen besteht darüber, daß sich die Ausschüsse hinsichtlich der in ihnen mitarbeitenden Mitglieder selbst ergänzen können und daß eine gleichzeitige Zugehörigkeit zu mehreren Ausschüssen möglich ist. Es wird ferner beschlossen, die seit Rothenburg laufenden Untersuchungen über Berechtigungen und berufliche Möglichkeiten für Diplomvolkswirte und über den Stand der volkswirtschaftlichen Diplomprüfungsbedingungen fortzusetzen.

Das Arbeitsprogramm der Ausschüsse wird in einer am Nachmittag im Anschluß an die Mitgliederversammlung stattfindenden Sondersitzung besprochen. Vorbehaltlich weiterer und abweichender Anregungen wird sich hiernach der Ausschuß für Wirtschaftstheorie und theoretische Statistik, dessen vorläufigen Vorsitz Professor *Erich Schneider,* Kiel, übernimmt, mit dem Zeitmoment in der modernen Produktion, der *Keynes*schen ‚Revolution' in der Wirtschaftstheorie und der Theorie und Politik der Vollbeschäftigung befassen. Der Ausschuß für Wirtschaftspolitik unter dem vorläufigen Vorsitz von Professor *Heinrich Rittershausen,* Frankfurt, wird sich mit Außenhandels- und internationalen Zahlungsproblemen, der Ausschuß für Finanzwissenschaft unter dem vorläufigen Vorsitz von Professor *Herbert Sultan,* Heidelberg, mit dem Verhältnis von reiner Theorie und soziologischer Betrachtung in der Finanzwissenschaft, sowie den strukturellen Vergleichsmöglichkeiten der Finanzwissenschaft verschiedener Staaten und der Ausschuß für Betriebswirtschaft unter dem vorläufigen Vorsitz von Professor *Walter Le Coutre,* Heidelberg, mit dem betrieblichen Elastizitätsproblem und den Formen der praktischen Preisbildung im Betriebe beschäftigen; der Ausschuß für Wirtschaftsgeschichte unter dem vorläufigen Vorsitz von Professor *Horst Jecht,* Heidelberg, wird die Frage des Wirtschaftssystems in der Wirtschaftsgeschichte untersuchen. Die endgültige Wahl der Vorsitzenden wie die genaue Festlegung der zu untersuchenden Themen bleibt satzungsgemäß den Ausschüssen überlassen.

In der Nachmittagssitzung, in der zeitweilig Professor *Wilhelm Gerloff,* Frankfurt, das Präsidium übernimmt, wird als weiterer Punkt der Tagesordnung die Beitragszahlung behandelt. Der Mitgliedsbeitrag wird von der Versammlung auf 20 DM im Jahr festgesetzt. Für nichtbeamtete Professoren, Dozenten und Hochschulassistenten ermäßigt er sich auf die Hälfte. Für das Geschäftsjahr 1948/49 wird der Mitgliedsbeitrag in voller Höhe erhoben, jedoch ist von denen, die den Tagungsbeitrag für die Marburger Tagung gezahlt haben, nur der halbe Betrag zu entrichten. Im übrigen wird auf die Ermächtigung des Vorstandes verwiesen, in besonderen Einzelfällen Mit-

gliedsbeiträge zu ermäßigen oder zu erlassen. Die Festlegung des Beitrages für Körperschaften wird der Beschlußfassung des Vorstandes anheimgestellt.
Im Anschluß hieran nahm Professor *Ellinghaus* zu dem nachfolgenden Vortrag das Wort.

Professor Dr. ELLINGHAUS (Stuttgart):

Berufsausbildung und Berufsaussichten der Wirtschaftswissenschaftler

I.

Um den Zukunftsbedarf an Volkswirten und Betriebswirten zu ermitteln, hat das Wirtschaftswissenschaftliche Seminar der Technischen Hochschule Stuttgart im Auftrage des Vereins für Sozialpolitik bei der Praxis eine Umfrage im Winter 1947 und im Frühjahr 1948 veranstaltet[1]). Die von der Währungsreform erwartete Wirkung auf den Besuch der deutschen Hochschulen ist bis jetzt noch nicht eingetroffen. Überall sind die Anmeldungen genau so stark wie vorher. Auch für das Hochschulproblem der näheren Zukunft scheinen deshalb überfüllte Hörsäle, Institute, Seminare, Bibliotheken kennzeichnend zu sein. Von den 135 000 Studierenden und Gasthörern im Wintersemester 1947/48 an den deutschen Hochschulen waren etwa 10 000 Volkswirte und Betriebswirte und 14 000 Juristen. Da in der Statistik bei einigen Hochschulen die Volkswirte in der Zahl der Juristen enthalten sind, mußten wir uns für diese Hochschulen mit einer Schätzung für die Wirtschaftswissenschaftler begnügen. Nach der von Frau Professor *Lorenz*[2]) für die Jahre 1932 bis 1941 bearbeiteten Statistik der deutschen Hochschulen und der Abschlußprüfungen kann man auch mit einem bestimmten Erfolg des Hochschulbesuches rechnen. In den nächsten Jahren dürften etwa 3000 Diplom-Volkswirte, Diplom-Kaufleute und Diplom-Handelslehrer sowie 4000 Justizreferendare die Hochschule verlassen. Daß bei diesen hohen Zahlen häufig Zweifel über die Zukunft der akademischen Berufe auftauchen, ist leicht verständlich. Ob noch ein Einklang zwischen Berufsausbildung und Berufsbedarf, selbst angesichts der Lücken und der Überalterung, zu erwarten ist, kann bei manchen Studienzweigen fraglich erscheinen. Droht nicht die Gefahr langer Stellenlosigkeit und eines akademischen Proletariats? Das Absinken in das Proletariat ist zweifellos für Akademiker mit nur fachlicher Ausbildung in den naturwissenschaftlichen und technischen Disziplinen eher zu befürchten als für die Geisteswissen-

---
[1]) Zusammengestellt von Diplom-Volkswirt *Stephan Lüben*.
[2]) *Charlotte Lorenz:* „10-Jahres-Statistik des Hochschulbesuches und der Abschlußprüfungen", Berlin 1943, Verlag für Sozialpolitik, Wirtschaft und Statistik.

schaftler, bei denen Persönlichkeitsschulung und Allgemeinbildung weit stärker betont werden. Persönlichkeitswerte und Lebensstandard haben nichts miteinander zu tun. Das zeigt das geistige Deutschland der letzten Jahre. Wohl aber kann ein neuer politischer Radikalismus wie zu Anfang der 30er Jahre aus den Spannungen zwischen den Inhabern angemessener Berufsstellungen und den Nichtinhabern herauswachsen. Die Demokratie muß deshalb mit diesem soziologischen Problem fertig werden. Vor der Notwendigkeit einer Ausbildungs- und Berufsplanung kann sich niemand verschließen. Wenn man die deutsche Hochschulstatistik von 1938 bis 1948 miteinander vergleicht, so ergibt sich eine durchschnittliche Steigerung der Besucherzahl um das 2,5fache, nämlich von etwa 55 000 auf 135 000.

Im einzelnen sah es folgendermaßen aus:

	1938	1948	Steigerung
Philologen	2647	20253	1:7,6
Lehrer	797	2106	1:2,6
Theologen	4711	6639	1:1.4
Juristen	4462	14197	1:3,2
Volkswirte	4515	10074	1:2,2
Mediziner	16980	23753	1:1,4
Zahnärzte	1802	3267	1:1.8
Veterinäre	1336	1686	1:1.3
Mathematiker und Naturwissensch.	5850	18141	1:3,1
Architekten und Bauingenieure	2775	10355	1:3,7
Maschinen- und Elektro-Ingenieure	4892	6151	1:1,25
Bergbau	425	742	1:1,5
Land- und Forstwirtschaft	1887	3253	1:1,7
Kunst und Musik	1303	5430	1:4,1

In dem Anwachsen und in der Strukturveränderung des Hochschulbesuches drückt sich zweifellos das Zusammendrängen der 2-3fachen Zahl von Geburtenjahrgängen auf der Hochschule gegenüber der Vorkriegszeit aus. 1938 studierten die Jahrgänge 1914 bis 1918, 1948 aber die Jahrgänge 1916 bis 1928. Außerdem war 1938 der Hochschulbesuch auf einem Tiefstand angelangt. Von 1924 bis 1930 war die Zahl der Studenten von etwa 90 000 auf 112 000 gestiegen. Sie nahm dann 1931 und 1932 trotz Krise und Depression noch weiter zu. Der Höhepunkt war im Wintersemester 1932/33 mit 120 000 erreicht. Die 4- bis 5jährige Dauer der Hochschulausbildung scheint eine Gegenbewegung zum allgemeinen Konjunkturverlauf zu bewirken. Die Unmöglichkeit, in der Depression in den kaufmännischen und technischen Berufen oder in der Verwaltung ein Unterkommen zu finden, und die Hoffnung auf eine Verbesserung der Berufsaussichten veranlaßt viele Eltern, das Studium der Kinder, auch unter großen Opfern, zu finanzieren. Infolge der allgemeinen Wirtschaftsbelebung, der Aufrüstung und des stärkeren Zustroms zur Wehrmacht sank von 1933 bis zum Kriegsbeginn im Herbst 1939 die Zahl der Studenten auf weniger als die Hälfte, nämlich von 120 000 auf 54 873. Darunter waren 4515 Wirtschaftswissenschaftler und 4462 Juristen. Im Durchschnitt der letzten 15 Jahre vor dem zweiten Weltkrieg konnte man in Deutschland mit etwa 90 000 bis 100 000 Studierenden rechnen, darunter etwa 5000 Wirtschaftswissenschaftlern und 5000 Juristen.

II.

Die Problematik der statistischen Berufsforschung beginnt mit der Feststellung, daß die amtlichen Zahlen über den soziologischen und ökonomischen Charakter der einzelnen Berufe so gut wie nichts aussagen. Die während des Krieges entstandene Systematik für den Arbeitseinsatz enthält zwar eine große Anzahl von Berufsbenennungen, die auf Grund der Berufsbilder für die Handarbeiter und auch für die Geistesarbeiter entstanden sind, aber diese äußerste Differenzierung nach Arbeitsarten und Arbeitsqualität kann nicht zum Ausgangspunkt der Berufsstatistik gemacht werden. Namentlich über den geistigen Berufen liegt statistisch ein ziemliches Dunkel.

Man muß bei aller Berufsforschung zwischen stationären und dynamischen Berufen unterscheiden. Auf den ersten Blick wird man Pfarrer, Lehrer, Verwaltungsbeamte und Richter — bis zu einem gewissen Grade auch Ärzte, Apotheker usw. — zu den stationären, Ingenieure und Techniker, Chemiker und Physiker, Kaufleute und Volkswirte hingegen zu den dynamischen rechnen. Auch bei Schauspielern und Sängern ist z. B. durch Film und Radio gegenüber früher eine starke Veränderung eingetreten. Das berufliche Schicksal eines Angehörigen der ersten Gruppe verläuft in aller Regel in geordneten Bahnen. Es kann mit ziemlicher Wahrscheinlichkeit vorausberechnet werden. Von 100 Richtern oder Regierungsräten können so und soviele Direktoren oder Präsidenten werden. So und so groß ist die Chance zum Staatssekretär usw. Bei den dynamischen Berufen spiegelt sich nicht nur das Auf und Ab der Konjunkturen und der Strukturwandlungen in der Karriere des einzelnen wieder, sondern oft ein ungeahnter und früher undenkbarer Aufstieg auf der sozialen Stufenleiter. Umgekehrt manchmal aber auch der jähe Absturz ins soziale Nichts.

Der technische und organisatorische Fortschritt und die Entwicklung der industriellen Produktion bewirkt für die Berufe der Ingenieure, Techniker, Chemiker usw. eine Veränderung der Nachfrage in dem Sinne, daß nicht nur Konstrukteure und Laboratoriumsingenieure benötigt werden, sondern in steigendem Umfange auch Betriebsingenieure, Fertigungsplaner, Organisations-, Kosten-, Verwaltungs-, Verkaufsingenieure usw. Die Berufs- und Betriebsstatistik gibt hierüber keinen Aufschluß. Bei den Berufen der Metall- und Maschinenindustrie werden neben den Arbeitern nur Ingenieure und Techniker genannt. Von 1 883 128 Berufstätigen in den Gewerbegruppen V bis X waren bei der Zählung von 1933: 202 574 Ingenieure und Techniker. 10,8 Proz. entfielen also auf das hochschulmäßig oder auf Fachschulen ausgebildete Personal dieser Industriezweige. Gleichzeitig waren in der chemischen Industrie von 249 949 Erwerbstätigen 12 620 Chemiker oder 5 Proz. der Gesamtzahl. Ob in diesen Industrien der Bedarf an Ingenieuren und Chemikern im Aufschwung proportional, überproportional oder unterproportional der Arbeiter wächst, müßte untersucht werden.

Kennzeichen für die stationären Berufe sind:
1. Alter und Tradition.
2. Kontinuierliche Nachfrage, gegeben durch die Jahr für Jahr nach dem Stellenplan jeweilig freiwerdenden „Plätze".
3. Genormte Berufsausbildung und Befähigungsnachweis durch — in der Regel — zwei Staatsprüfungen.
4. Bestimmbare Berufsdichte innerhalb der Wirtschafts- und Sozialstruktur.

Bei diesem letzten Merkmal der stationären Berufe sei erwähnt, daß sich z. B. nach der Volks-, Berufs- und Betriebszählung vom 17. 5. 39 auf je 10 000 Einwohner in Württemberg die Akademiker (zuzüglich der Berufstätigen mit Fachschulbildung) folgendermaßen verteilten:

Ärzte	8,3	
Zahnärzte und Dentisten	7,0	
Apotheker	3,1	
Evang. Geistliche	5,1	auf 10 000 Einwohner
Kath. Geistliche	3,8	
Studienräte	6,3	
Richter und Rechtsanwälte	2,0	
Rechtsanwälte und Notare	1,9	

1933 gab es in Deutschland insgesamt:

Richter und Staatsanwälte	10 953
Rechtsanwälte und Notare	18 641
Geistliche und Missionare	37 701
Studienräte und Direktoren	37 505
Ärzte	51 067
Zahnärzte	12 120
Apotheker	18 220

Natürlich läßt sich aus solchen statistischen Augenblicksbildern nicht feststellen, ob hierbei eine angemessene Versorgung der Bevölkerung hinsichtlich der ärztlichen Behandlung, des Unterrichts, der seelsorgerischen Betreuung usw. vorlag oder nicht. Nur wenn man für längere Zeiträume die Berufsdichte der Akademiker beobachtet, wird man feststellen können, ob die Ausbildung auf den Hochschulen mit dem Bedarf in Einklang steht oder nicht. Weiter müssen natürlich die Möglichkeiten der Auswanderung für Akademiker beachtet werden. Hierbei ist aber zu betonen, daß es sich bei manchen Berufen auch im Ausland um genormte Berufsausbildungen und Befähigungsnachweise durch Staatsprüfungen handelt.

Ganz anders liegen die Dinge bei den dynamischen Berufen. Hier kann aus einem latenten Bedarf ein offener werden, sobald dazu ein Anstoß erfolgt.

Kennzeichen der dynamischen Berufe sind:

1. Junge Berufe ohne Tradition.
2. Veränderliche Nachfrage, verursacht durch bestimmte Entwicklungstendenzen, die sich im positiven oder negativen Sinne auswirken (Konjunkturschwankungen und Strukturwandlungen im wirtschaftlichen und politischen Bereich).
3. Nicht genormte Berufsausbildung und keine Befähigungsnachweise durch Staatsprüfungen.
4. Unbestimmbare optimale Berufsdichte innerhalb der Wirtschafts- und Sozialstruktur.

Zum Punkt 1) nur der Hinweis, daß es in Deutschland Diplomkaufleute erst seit 50 Jahren und Diplomvolkswirte sogar erst seit 25 Jahren gibt. Die älteren Volkswirte haben ihr Studium entweder mit dem Dr. phil. oder Dr. rer. pol. abgeschlossen. Aber es gibt auch viele bewährte Geschäftsführer von Kammern und Wirtschaftsverbänden, Referenten, Abteilungsleiter usw., sogar Ministerialdirigenten, Staatssekretäre und Minister ohne akademische Abschlußprüfung. Hier liegen die Dinge ähnlich wie in der Privatwirtschaft, wo zum technischen oder kaufmännischen Leiter und auch zum Generaldirektor kein Diplom und kein Doktortitel erforderlich ist. „Bei uns gibt es kein Akademikerreservat!" teilte uns eine der größten Firmen der Elektroindustrie mit.

III.

Eine weitere Voraussetzung jeder sorgfältigen statistischen Berufsforschung ist die Unterscheidung zwischen dem Ersatzbedarf und dem Nachwuchsbedarf. Wie groß sind z. B. die Lücken, die infolge der Kriegsverluste zwischen 1939 und 1948 und durch die Entnazifizierung, vor allem bei den 30- bis 60jährigen, in den einzelnen Berufen eingetreten sind? Hinsichtlich des Nachswuchsbedarfs verfügen die einzelnen Zweige der Verwaltung über gewisse Erfahrungen. Bei einem normalen Altersaufbau und gleichmäßiger Weiterentwicklung scheiden in den einzelnen Zweigen der öffentlichen Verwaltung infolge Pensionierung, Tod, Übergang in die Privatwirtschaft oder in die freien Berufe usw. etwa 3,5 bis 4 Proz. der männlichen Beamten aus. Sie müssen aus den Anwärtern ersetzt werden. Bei den Frauen liegt die Zahl wegen der Verheiratung höher als 4 Proz. Ist die höchste Altersgruppe der über 60jährigen im Gesamtaufbau eines Verwaltungszweiges nur sehr schwach besetzt, so können sich die Anstellungsaussichten der Anwärter sehr verschlechtern und die Wartezeiten außerordentlich verlängern.

Vor dem ersten Weltkriege war das z. B. bei den Justizassessoren mit nur durchschnittlicher Note der Fall. Ende der 20er und in den 30er Jahren auch bei einzelnen Richtungen der Philologen. Hieran erinnert auch der numerus clausus, der in der Forstverwaltung und in der Bergverwaltung schon vor dem ersten Weltkrieg bekannt war. Weiter wird man zwischen Ergänzungs- und Konkurrenzberufen unterscheiden müssen. Das ist im Hinblick auf unser Problem besonders wichtig. Pfarrer und Lehrer, Ärzte und Apotheker sind Berufe, die sich gegenseitig ergänzen, während Zahnärzte und Dentisten als Konkurrenzberufe anzusehen sind. Die Wirtschaftswissenschaftler traten in zunehmendem Maße in Wettbewerb mit den Juristen, Ingenieuren und Kaufleuten und im Ernährungssektor auch mit den Diplomlandwirten. Die Juristen pflegen die Volkswirte häufig als „Schmalspurjuristen" zu bezeichnen, während man umgekehrt die Juristen wegen ihrer ganz minimalen volkswirtschaftlichen, betriebswirtschaftlichen und soziologischen Ausbildung nicht einmal als „Schmalspur-Volkswirte" bezeichnen kann.

IV.

Eine „Umfrage", wie wir sie vorgenommen haben, stellt natürlich nur eine Notlösung dar. Von den 400 befragten Stellen haben etwa 200 geantwortet, diese allerdings ziemlich eingehend. Der Erkenntniswert jeder Repräsentativstatistik ist beschränkt. Aber wir wissen, daß auch das Statistische Reichsamt und das Institut für Konjunkturforschung sich oft mit dieser Erhebungsmethode begnügen mußten. Die statistische Basis der Untersuchungen des sogenannten „Enquête-Ausschusses" in den 20er Jahren war ebenfalls sehr schmal. Bei den sogenannten Kennziffern zur Wirtschaftsstruktur des Handwerks und des Einzelhandels über Vermögen und Kapital, Umsatz, Kosten und Reinertrag (während des Krieges nur für den

Dienstgebrauch bestimmt) handelt es sich um Material aus nur 12 500 Handwerksbetrieben von insgesamt 1,3 Mill. Wir waren uns also von vornherein über die Mängel unserer Methode durchaus im klaren. Aber trotzdem gewinnt man aus den Antworten einen gewissen Eindruck darüber, wie es auf der Bedarfsseite der wirtschaftswissenschaftlichen Berufe aussieht. Von etwa Mai 1948 an liefen die Antworten der befragten Stellen wegen der bevorstehenden Währungsreform und der zu erwartenden Umschaltung von der Planwirtschaft auf die Marktwirtschaft erheblich zögernder ein. Die Verwaltung für Wirtschaft und verschiedene Wirtschaftsministerien wiesen darauf hin. Man erwartete damals schon, daß manche Referenten in die Privatindustrie oder zu den Verbänden wegen der höheren Bezahlung und der erhofften größeren Bewegungsfreiheit abwandern würden.

Befragt wurden von uns in der Bizone:
1. Die Zentralverwaltung in Frankfurt (Verwaltung für Wirtschaft, Ernährung und Landwirtschaft) sowie sämtliche Ministerien.
2. Eine Anzahl von Landratsämtern in Württemberg-Baden.
3. Die meisten Großstädte.
4. Handwerkskammern.
5. Industrie- und Handelskammern.
6. Eine große Anzahl von Wirtschaftsverbänden.
7. Die Kammer der Wirtschaftsprüfer und -treuhänder in Württemberg-Baden.
8. Privatunternehmungen der Industrie, des Bank- und des Versicherungswesens.
9. Die Presse und
10. Statistische Ämter.

V.

Die Hauptfragen bezogen sich auf folgende Punkte:
1. Anteil der Wirtschaftswissenschaftler an der Gesamtzahl der bei einer Dienststelle beschäftigten Beamten und Angestellten.
2. Das zahlenmäßige Verhältnis der Wirtschaftswissenschaftler zu den Voll-Juristen und den sonstigen Akademikern.
3. Art der Tätigkeit und Stellung im Beruf.
4. Aufteilung in Beamte und Angestellte.
5. Besoldungsgruppen bzw. Gehaltsgruppen nach TOA. oder freie Vereinbarung.
6. Altersgliederung.

Die erbetenen **Anregungen** und **Vorschläge** von seiten der befragten Stellen sollten sich auf folgendes beziehen:

1. Dauer der vorgeschlagenen Praktikantenzeit.
2. In welchen Wirtschafts- und Verwaltungszweigen soll der Student praktische Kenntnisse erworben und Erfahrungen gesammelt haben?
3. Welche Fachrichtung der volkswirtschaftlichen, betriebswirtschaftlichen oder der wirtschaftsrechtlichen Ausbildung wird für die wichtigste gehalten?
4. Welche Vorlesungen und Übungen werden am meisten empfohlen?

Ein wie hoher Prozentsatz der überhaupt in der Wirtschaft, in der öffentlichen Verwaltung und in den freien Berufen tätigen Diplom-Volkswirte und Diplom-Kaufleute durch die Antworten erfaßt wurde, läßt sich natürlich nicht sagen. Es wäre auch gefährlich, wenn man hier die repräsentative Methode in dem Sinne anwenden wollte, daß z. B. das Verhältnis von Volkswirten zu Juristen, wie es in den Ministerien, die unsere Umfrage beantwortet haben, vorliegt, nämlich 127 Volkswirte auf 154 Volljuristen, auch für alle übrigen Ministerien der Westzone annehmen würde! In manchen Zweigen der öffentlichen Verwaltung wird ja immer noch am Assessorenmonopol festgehalten. Obwohl z. B. durch einen Erlaß des früheren Reichsinnenministers Diplomvolkswirte als Regierungsreferendare angestellt werden können, hat bisher das Innenministerium von Württemberg-Baden noch keinen Diplomvolkswirt beschäftigt. Auch bei der Hauptverwaltung der Eisenbahnen scheint man vorläufig an dem Grundsatz festhalten zu wollen, daß für den höheren Verwaltungsdienst nur Assessoren oder Diplomingenieure in Betracht kommen. Lange Zeit hatten hier die Juristen das Übergewicht gegenüber den Technikern. Erst in der Ära Dorpmüller, der von Haus aus Maschineningenieur war, gelang es den Technikern, auch eine gewisse Anzahl von Präsidentenstellen zu erobern. Auch im früheren Reichsverkehrsministerium gewannen die Techniker im Wettbewerb um die Stellungen der Ministerialdirektoren, Ministerialdirigenten, Ministerialräte usw. mehr und mehr an Boden. Von einer wissenschaftlichen Schulung für ihre späteren Aufgaben kann natürlich, insoweit diese Aufgaben wirtschaftlichen Charakter haben, weder bei den Technikern noch auch bei den Juristen die Rede sein. Es ist aber eine bemerkenswerte Tatsache, daß zu den Studienkonferenzen der früheren Reichsbahn und der heutigen Hauptverwaltung der Eisenbahn die Professoren der Wirtschaftswissenschaft seit Jahren zugezogen werden, daß man aber die akademischen Volkswirte in der Verwaltung ablehnt.

Das Ergebnis unserer Untersuchung kann in quantitativer Hinsicht nur als ein vorläufiges bezeichnet werden. Es wäre dringend erwünscht, wenn namentlich auch in der britischen und französischen Zone die Verhältnisse näher geklärt werden könnten.

Die Frage nach dem Anteil der Wirtschaftswissenschaftler an der Gesamtzahl der Beamten und Angestellten wurde von den Ministerien und den befragten Landratsämtern nicht beantwortet. Bei den übrigen Dienststellen war das zahlenmäßige Verhältnis der Wirtschaftswissenschaftler zu den sonstigen Beamten und Angestellten folgendermaßen:

1. Bei den Städten 69 Volkswirte von einer Gesamtzahl von 30 400 Beamten und Angestellten insgesamt.

   Bei den Kammern (Handwerks-, Industrie- und Handelskammern) 142 von 1536 = 9 Proz., bei den Wirtschaftsverbänden 195 von 483 = 40 Proz.

Aus der Privatwirtschaft lagen Meldungen aus der Industrie, aus dem Bank- und Versicherungswesen vor. Im Vergleich zur Masse der kaufmännischen und technischen Angestellten ist hier der Anteil der Akademiker natürlich sehr gering. Die Statistischen Ämter beschäftigen unter 553 Beamten und Angestellten 44 Volkswirte = 6 Proz.

2. Wirtschaftswissenschaftler und Juristen.

Wenn man die derzeitige Zusammensetzung der deutschen Ministerialbürokratie mit derjenigen vor dem ersten Weltkrieg vergleichen könnte, so würde sich sicher eine erhebliche Verschiebung zugunsten der Wirtschaftswissenschaftler ergeben. Das Assessorenmonopol ist zweifellos heute an vielen Stellen durchlöchert, wenn es auch — wie vorher erwähnt — bei der Eisenbahn und vielleicht auch bei manchen Innenministerien noch aufrechterhalten wird. In der Verwaltungspraxis gleichen sich auch die Aufgaben der Akademiker immer mehr an. Die Juristen müssen sich in die wirtschaftlichen Tatsachen und Tatsachenzusammenhänge wohl oder übel hineinfinden, während die Volkswirte auf wirtschaftsrechtlichem Gebiet sich natürlich auch im Laufe der Zeit die nötige Routine aneignen.

Das Verhältnis von Volkswirten zu Juristen war:

      bei den Landratsämtern 8: 11
      bei den Städten 69:127
      bei den Kammern 142: 78
      bei den Wirtschaftsverbänden . . 201: 19
      in der Privatwirtschaft 50: 14
      bei den Statistischen Ämtern . . 44 Volksw., aber keine Juristen.

Im ganzen waren von 663 gemeldeten Wirtschaftswissenschaftlern

412 im öffentlichen Dienst (einschließlich Kammern) und 251 in der Privatwirtschaft, bei Wirtschaftsverbänden und in freien Berufen tätig. Das Verhältnis „Öffentlicher Dienst: Privatwirtschaft" ist nach den Antworten wie 4:2,5. In dieser Hinsicht ist wahrscheinlich in der Zwischenzeit schon eine Verschiebung erfolgt, da der Übergang zur Marktwirtschaft auch für die Akademiker mit größerer Erfahrung, Aktivität und Initiative bessere Möglichkeiten des Fortkommens bot als der öffentliche Dienst.

3. Art der Tätigkeit.

Insgesamt wurden etwa 20 verschiedene Dienstbezeichnungen gemeldet. In den Zentralstellen: Abteilungsleiter, Abteilungsdirektoren; in der Kommunalverwaltung: Landräte, Oberbürgermeister, stellvertretende Bürgermeister, Stadtdirektoren, Stadtkämmerer, Stadtpfleger usw.; bei den Kammern: Syndici, Geschäftsführer; bei den Wirtschaftsverbänden und in der Privatwirtschaft ebenso.

4. Von den gemeldeten Wirtschaftswissenschaftlern befanden sich nur 80 im Beamtenverhältnis gegenüber 570 Angestellten, bei 57 wurden keine näheren Angaben gemacht.

5. Besoldungsverhältnisse.

Von den Beamten waren etwa fünfzig in den Gehaltsgruppen A 1a bis A 2d, sechs in der Gruppe A 3a bis A 4 C 2, neun bezogen feste Gehälter nach der Besoldungsgruppe B 7 a bzw. B 7 b, während für den Rest keine bestimmten Angaben gemacht wurden. Für die 580 Wirtschaftswissenschaftler im Angestelltenverhältnis lag die sogenannte „Freie Vereinbarung" bei etwa 380 vor, während die restlichen 200 sich folgendermaßen verteilten:

T. O. A.	I. = 7	T. O. A.	V. = 12
T. O. A.	II. = 27	T O. A.	VI = 5
T. O. A.	III. = 17	T. O. A.	VII. = 8
T. O. A.	IV. = 22	T. O. A.	I.—VI - 74

Aus der Privatwirtschaft wurde in der Regel „Freie Vereinbarung" gemeldet. Nur in einem Falle erhielten wir genauere Angaben über die Bezüge der wirtschaftswissenschaftlichen Angestellten, nämlich RM bzw. DM 600 im Minimum und 1400 im Maximum.

6. Altersgliederung.

Für die Ermittlung des Nachwuchsbedarfs ist natürlich die Altersgliederung innerhalb eines jeden Berufes maßgebend. Angaben über den Altersaufbau sind in neun Zehntel der Antworten enthalten. Der Altersaufbau ist natürlich bei den verschiedenen Verwaltungszweigen nicht ganz einheitlich, aber es ist klar, daß sich die Tatsache eines an sich noch jungen Berufes in der Alterspyramide widerspiegeln muß. Siebzigjährige Volkswirte wird es heute kaum geben,

während Richter, Anwälte und Ärzte in diesem Alter noch in beachtlicher Zahl berufstätig sind.
Insgesamt stellte sich der Altersaufbau folgendermaßen dar:
Altersaufbau:

Altersgruppe	Zahl	Proz. Anteil
20—30 Jahre	37	6,5 %
30—40 Jahre	147	24,0 %
40—50 Jahre	267	44,0 %
50—60 Jahre	112	18,0 %
über 60 Jahre	42	7,0 %
	605	100 %

Wenn man die etwa 100 Wirtschaftswissenschaftler, bei denen die Altersangaben ungenau sind oder gänzlich fehlen, der höchsten Altersgruppe zurechnet, so ist das Bild zwar etwas günstiger, aber auch dann entfallen immer noch drei Viertel der Gesamtzahl der von uns ermittelten Berufstätigen auf die leistungsfähigsten Altersgruppen zwischen 30 und 50 Jahren.

VI.

Die Vorschläge von Wirtschaft und Verwaltung hinsichtlich der praktischen und theoretischen Berufsausbildung bezogen sich auf die Dauer und die Art der praktischen Tätigkeit, auf die verschiedenen Fachrichtungen, Volkswirte, Betriebswirte, Wirtschaftsrechtler, Wirtschaftsingenieure usw. und schließlich auf die Vorlesungen und Übungen, die innerhalb der theoretischen Ausbildung für besonders wichtig gehalten wurden.

1. Hinsichtlich der zu fordernden Dauer der Praktikantenzeit begnügen sich nur zwei Antworten mit den bis jetzt bei der Diplomprüfung nachzuweisenden 6 Monaten. Siebzehn fordern 1 Jahr, vier 1–2 Jahre, fünfzehn 2 Jahre, fünf 2 bis 3 Jahre und drei sogar 3 Jahre Praxis. Diese letzteren Vorschläge halten auch eine abgeschlossene Lehre in einem Bank- oder Industriebetrieb für die beste Form der praktischen Tätigkeit.

Der Sinn der Praktikantentätigkeit wird indessen weniger darin gesehen, dem Studierenden der Wirtschaftswissenschaften den Erwerb bürotechnischer Fertigkeiten in der aktenmäßigen Behandlung der Verwaltungsvorgänge im öffentlichen Dienst und in der Wirtschaft zu vermitteln. Zum Erwerb einer gewissen Verwaltungsroutine gehört natürlich eine lange Zeit. Der erzieherische Wert der Praxis besteht in erster Linie in der Denkschulung am Objekt. Durch bloßes Anschauen einer Sache bei Besichtigungen kann natürlich niemals dasselbe erreicht werden, als wenn dem Anfänger schon ein bestimmter, natürlich zunächst eng umgrenzter Verantwortungsbereich in der gesamten Verwaltungs- oder Betriebsorganisation zugewiesen wird. Auf diese Weise lernt er vielleicht das Wesen einer Sache früher begreifen als durch theoretisches Studium. Betriebe und Behörden kann man ja auch nicht im Hörsaal auf dem Experimentiertisch aufbauen. **Wirtschaftsmodelle** in Form graphischer Darstellungen, wie z. B. Organisationspläne von Verwaltungszweigen, Behörden und Betrieben, ferner Kontenrahmen, Betriebsabrechnungsbogen, Kalkulationsschemata usw., sind nur Hilfsmittel im wirtschaftswissenschaftlichen Unterricht. Ihr pädagogischer Wirkungsgrad wird immer von dem visuellen Vorstellungsvermögen des Studierenden abhängen. Wirtschaft im Sinne einer rein geistigen Tätigkeit bedeutet ja scharfe Beobachtung der zur Erreichung bestimmter Zwecke geeigneten Mittel, Erwägung und Auswahl unter verschiedenen Mitteln. Richtiges Disponieren setzt immer sorgfältiges Abwägen von Kosten und Nutzen, von Aufwand und Ertrag voraus. Hierbei wird in der Unternehmung z. B. die Rentabilität, in der öffentlichen Verwaltung dagegen der volkswirtschaftliche Nutzen und der soziale Ausgleich unter Beachtung gewisser oberster Rechtsgrundsätze ausschlaggebend sein. Alles das kann der Praktikant schon in der Praxis „erleben"; den „Pulsschlag" der Wirtschaft, das Auf und Ab der Konjunkturen und der Strukturwandlungen einzelner Teile oder der Gesamtwirtschaft spürt er schon in der Einkaufs- und Verkaufsabteilung, in der Lohn- und Materialbuchhaltung und in der Betriebsabrechnung bei der Erfassung und Verteilung der Gemeinkosten unmittelbar. Das Verständnis für die Elemente der Wirtschaft wird also durch eine gute Unterweisung in der Praxis sehr erleichtert. Dazu gehören freilich pädagogisch befähigte Lehrherren und interessierte Praktikanten. Auf der Hochschule kann der Dozent die sozialökonomischen Zusammenhänge, das Eingreifen des Staates in die Wirtschaft, den Einfluß von Gewerkschaften und Unternehmerverbänden auf die Betriebe usw. viel leichter verständlich machen, wenn der Hörer mit den erörterten Begriffen schon bestimmte Vorstellungen verbindet, die aus eigenem Erleben stammen.

Für den Erfolg des jungen Akademikers in der Praxis ist weiter das persönliche Verhältnis zu den Angestellten und Arbeitern von der größten Bedeutung. Autorität kann man nicht mit dem Besitz vererben, sie wird nur durch Leistung erworben. Das ganze moderne Schulwesen, das besonders den Kindern des Mittelstandes und der allerdings sehr dünn gewordenen wohlhabenderen Schichten zugute kommt, bringt die Gefahr der Entwicklung eines gewissen geistigen Hochmutes mit sich. Daraus entsteht dann die Abwehr der anderen und manchmal eine schwierige Lage für die Leitung. Das ist wohl auch der Hauptgrund, weshalb von manchen Praktikern eine regelrechte kaufmännische Lehre, auch für Abiturienten, gefordert wird. Für die Einführung eines in den 20er Jahren viel erörterten Wirtschaftsreferendariats nach dem Diplomexamen hat sich keine der von uns befragten Stellen ausgesprochen. Es scheint sich die Praktikantenzeit vor oder während des Studiums am meisten bewährt zu haben.

2. Diplom-Volkswirt oder Diplom-Kaufmann.

Die Unterschiede in der Ausbildung der beiden Hauptrichtungen der Wirtschaftswissenschaft scheinen sich im späteren Beruf mehr und mehr zu verwischen. In dreizehn Fällen wurde gefordert, daß die volkswirtschaftliche und die betriebswirtschaftliche Ausbildung von der Hochschule gleich stark betont werden solle. In zwölf Fällen wurde Volkswirtschaft als Hauptfach vorgeschlagen, dagegen nur in vier Fällen sollte der Schwerpunkt bei der Betriebswirtschaftslehre liegen. Für Volkswirtschaft mit Recht sprachen sich sechs, für Betriebswirtschaft und Recht fünf Antworten aus.

3. Vorlesungen und Übungen.

Aus den in den Studienplänen enthaltenen Vorlesungen und Übungen wurden Vorschläge über die besonders zu empfehlenden Gebiete erbeten. Hinsichtlich der Wirtschaftswissenschaften wurde fast von allen Seiten die Notwendigkeit einer Synthese von Nationalökonomie und Betriebswirtschaftslehre betont. Moderne Wirtschaftstheorie sei ohne Einbau der betriebswirtschaftlichen Forschungsergebnisse, vor allem in der Erfolgsrechnung und in der Kostenrechnung, unmöglich. Die Lehre von den Marktformen und die Preistheorie setzt die Darstellung der Kostenstruktur der Betriebe voraus. Umgekehrt weisen z. B. die dynamische und die organische Bilanztheorie auf die Eingliederung der Betriebe in die Marktwirtschaft hin.

Im einzelnen hatten wir bei unserer Umfrage nach vier Hauptgebieten: Volkswirtschaft, Betriebswirtschaft, Recht und Ergänzungsfächern unterschieden. Dabei wurden 55 verschiedene Vorlesungen und Übungen genannt. Aus der Zahl der Nennungen der als wichtig bezeichneten Vorlesungsthemen kann man auf eine Wertung der verschiedenen Gebiete durch die Praxis schließen. Natürlich wurden die sogenannten Hauptvorlesungen am meisten genannt. In der Volkswirtschaftslehre: Theorie, Geld und Kredit, praktische Volkswirtschaftslehre und Finanzwissenschaft. Bei diesen vier Gebieten kommt es aber darauf an, den inneren Zusammenhang, z. B. Marktwirtschaft als Gegenstand der Wirtschaftstheorie und Gemeinwirtschaft als Gegenstand der Finanzwissenschaft, klar herauszuarbeiten. In der praktischen Volkswirtschaftslehre sollte nicht nur eine Darstellung der historischen Entwicklung und Beschreibung der gegenwärtigen wirtschaftspolitischen Systeme geboten werden, sondern sie sollte vor allem angewandte Wirtschaftstheorie sein, Landwirtschaft, Handwerk, Industrie, Handel, Verkehr usw. im Lichte der Markt- und Preistheorie und der Geldtheorie. Genau so werden in der Betriebswirtschaftslehre die theoretischen Vorlesungen von der Praxis für wichtiger gehalten als die Spezialgebiete, weil ein tieferes Eindringen und ein wirkliches Verständnis nur von einer soliden theoretischen Grundlage erreicht werden kann. Im einzelnen ergab sich bei der Wertung der Vorlesungen und Übungen folgende Übersicht:

A. Volkswirtschaft: Anzahl der Nennungen
1. Geschichte der volkswirtschaftlichen Lehrmeinungen 18
2. Theoretische Volkswirtschaftslehre 35
3. Soziologie 19
4. Sozialismus und soziale Bewegung 17
5. Geld und Kredit 43
6. Praktische Volkswirtschaftslehre (Wirtschaftspolitik) 40
7. Sozialpolitik 25
8. Agrarpolitik 16
9. Gewerbe- und Industriepolitik 33
10. Handelspolitik 25
11. Verkehrspolitik 23
12. Finanzwissenschaft 40
13. Statistik 34
14. Wirtschaftsgeschichte 15
15. Wirtschaftsgeographie 19
16. Technologie 13
                                                               415

B. Betriebswirtschaft:
1. Allgemeine Betriebswirtschaftslehre 38
2. Buchhaltung 28
3. Kaufmännisches Rechnen 17
4. Bilanztheorie und Bilanzpraxis 37
5. Revisions- und Treuhandwesen 24
6. Finanzierungen 26
7. Betriebswirtschaftslehre der Industrie 22
8. Fabrikbetrieb 17
9. Industrielles Rechnungswesen 23
10. Kostenrechnung und Preisbildung 34
11. Betriebsorganisation und Betriebsabrechnung 34
12. Bankbetriebslehre 9
13. Kredit- und Zahlungsverkehr 22
14. Betriebswirtschaftslehre des Groß- und Einzelhandels 14
15. Exportorganisation und Exporttechnik 23
16. Welthandelslehre 19
17. Betriebswirtschaftslehre der Versicherungen 6
                                                               393

C. Jurisprudenz: Anzahl der Nennungen

1. Einführung in die Rechtswissenschaft 32
2. Einführung in das BGB. 38
3. Staatsrecht 18
4. Verwaltungsrecht 37
5. Völkerrecht 12
6. Recht der Schuldverhältnisse 35
7. Handelsrecht 42
8. Gesellschaftsrecht 33
9. Recht der Wertpapiere 17
10. Steuerrecht 35
11. Arbeitsrecht 36
12. Patentrecht 16
13. Gebrauchsmusterrecht 15
                                                                         366

D. Ergänzungsfächer:

1. Rechts- und Staatsphilosophie 17
2. Wirtschaftsphilosophie 16
3. Politische Geschichte 11
4. Eisenbahn- und Verkehrswesen 16
5. Energiewirtschaft 13
6. Städtebau und Siedlungswesen 12
7. Mechanische Technologie 10
8. Chemische Technologie 6
9. Textiltechnik 3
                                                                         104

VII.

Die Berufsaussichten unserer Studenten können nur für diejenigen abgeschätzt werden, die in eine Beamtenlaufbahn hineinwollen, z. B. Handelslehrer. Aber für die Gesamtheit läßt sich angesichts der gezeigten Berufsdynamik und der vielseitigen Verwendungsmöglichkeit nur sagen: je besser die Ausbildung und je höher die Leistung, desto mehr wird sich auch der Wirtschaftler mit akademischem Studium durchsetzen. Ähnlich ist ja auch die Lage bei den Diplom-Ingenieuren und Diplomlandwirten. Sie sind ebenso in keiner Weise auf Deutschland beschränkt. Gute Exportkaufleute und Exportingenieure werden auch unserer Wiedereingliederung in die Weltwirtschaft nützen.

In der Masse der Beamten und Angestellten der öffentlichen Verwaltung und der Privatwirtschaft schlagen die Diplomvolkswirte und Diplomkaufleute nicht zu Buch. Das Gehaltskonto eines Betriebes mit 20 Angestellten weist bei einem Durchschnittsgehalt von monatlich 300 DM je Angestellten Gehaltskosten von 6000 DM auf. Bekommt der junge Diplomvolkswirt 20 Proz. Übertarif, also 60 DM mehr, so macht das eine Mehrbelastung von 1 Proz. aus. Nur praktische Versuche können zeigen, ob solche Mehraufwendungen durch die höheren Leistungen der Wirtschaftswissenschaftler gerechtfertigt sind oder nicht. Die Abneigung mancher Praktiker gegen die Akademiker beruht entweder auf einem tatsächlichen Versagen der Akademiker oder darauf, daß sie in größeren Betrieben als gefährliche Konkurrenten angesehen werden. Die Unternehmer, die für ihre Söhne und Nachfolger ein akademisches Studium wünschen, versprechen sich von der Persönlichkeitsschulung, der geistigen Entwicklung auf der Hochschule und von den erworbenen Kenntnissen eben doch jene Selbständigkeit des Denkens und Urteilens, die verbunden mit einem gesunden Sinn für die Bedingungen der Wirklichkeit die beste Voraussetzung jedes d a u e r h a f t e n Erfolges ist.

Nach kurzer Diskussion über den Vortrag von Herrn *Ellinghaus* berichtete auf eine aus der Mitte der Anwesenden geäußerte Anfrage

Professor ALBERT HESSE (Speyer)

über Aufbau und Lehrplan der neugegründeten Staatlichen Verwaltungsakademie in Speyer. Einer alten Tradition im Verein für Sozialpolitik gemäß schloß er als der Senior der Anwesenden an seine Ausführungen den Dank der Tagungsteilnehmer an den Vorstand und alle diejenigen an, in deren Hand die Vorbereitungen für das Zustandekommen der ersten Tagung der neuen wirtschaftswissenschaftlichen Vereinigung gelegen haben.

Darauf schloß der Vorsitzende mit einem Dankeswort an alle Anwesenden und besonders diejenigen, die als Referenten, Verhandlungsleiter und durch Diskussionsbeiträge zum Gelingen beigetragen haben, die Tagung.

Anhang

I.

Zur Vorgeschichte der Gründung des „Vereins für Sozialpolitik — Gesellschaft für Wirtschafts- und Sozialwissenschaften"

Die Rothenburger Tagung der Volkswirte 1947

Schon sehr bald nach dem politischen Umschwung in Deutschland Anfang 1933 traten dessen Auswirkungen auf den Verein für Sozialpolitik, der nach seiner Begründung Anfang der 70er Jahre immer mehr den Charakter der wissenschaftlichen Fachvereinigung der Vertreter aller Zweige der Wirtschaftswissenschaft an den deutschsprachigen Hochschulen in enger Zusammenarbeit mit den wissenschaftlich interessierten Praktikern der Wirtschaft und Sozialpolitik angenommen hatte, in die Erscheinung[1]). Die Zusammenkünfte und Aussprachen seit der Sitzung des Hauptausschusses des Vereins am 3. März 1933 standen sämtlich unter dem Zeichen des Zweifels um seine weitere Existenzfähigkeit und des Bemühens, aus einer immer hoffnungsloser sich darstellenden Lage vielleicht doch noch einen Ausweg zu finden. Die für den Herbst 1934 noch in Aussicht genommene Generalversammlung kam nicht mehr zustande. Nachdem schon in der Hauptausschußsitzung vom 13. April 1935 der einzige Ausweg aus einer durch innere Skepsis und äußere Bedrohung gekennzeichneten Lage in der Vereinsauflösung gesehen und zu ihrer Vollziehung eine Mitgliederversammlung einberufen worden war, beschloß diese zwar, doch den Versuch zu wagen, den in Jahrzehnten bewährten und bisher aller Krisen, an denen es auch in der Vergangenheit nicht gefehlt hatte, Herr gewordenen Verein am Leben zu erhalten und den Versuch zu machen, ihn auch durch den bisher schwersten Sturm seiner Geschichte hindurchzusteuern; doch schon sehr bald stellte sich heraus, daß dies angesichts der immer stärkeren Versteifung der innerpolitischen Situation mit ihren Rückwirkungen auf die innere Einheit unter den Vereinsmitgliedern eine unlösbare Aufgabe war. Und so blieb schließlich nichts anderes als die Auflösung übrig, die rechtsgültig von der Mitgliederversammlung am 19. Dezember 1936 in Berlin beschlossen wurde.

---

[1]) Siehe zum folgenden: Geschichte des Vereins für Sozialpolitik 1872 bis 1932. Im Auftrage des Liquidationsausschusses verfaßt vom Schriftführer Dr. *Franz Boese*. Schriften des Vereins für Sozialpolitik, Bd. 188, Berlin (Duncker u. Humblot), 1939, S. 270 ff.

Damit war der in vieler Hinsicht so wichtige Kontakt zwischen den Vertretern der deutschen Wirtschaftswissenschaft und den wissenschaftlich interessierten Kreisen der wirtschaftlichen und sozialpolitischen Praxis für das folgende Jahrzehnt bis zum Zusammenbruch des Nationalsozialismus, der zugleich die größte Katastrophe Deutschlands in seiner neueren Geschichte darstellt, zerstört. Es gelang zwar, vornehmlich dank der Einsicht und dem taktischen Geschick des Kollegen *Jens Jessen,* der im Zusammenhange mit den Ereignissen vom 20. Juli 1944 sein Leben im Kampf um die Befreiung Deutschlands vom Tyrannenjoch lassen mußte, Verbindung und wissenschaftlichen Gedankenaustausch unter den Fachkollegen in kleineren Arbeits- und Studienkreisen im Rahmen der Akademie für deutsches Recht aufrechtzuerhalten (während die durchaus auf dem Boden der durch den Nationalsozialismus geschaffenen politischen Tatsachen ruhende Deutsche Wirtschaftswissenschaftliche Gesellschaft ihrer Herkunft und ihren Zielen gemäß geradezu der Ausdruck der auch die Wissenschaft und ihre Hochschulvertreter ergreifenden Spaltung in zwei unversöhnlich einander gegenüberstehende Lager war). Aber auch die Zusammenkünfte, Aussprachen und Gemeinschaftsarbeiten dieser — wie einiger anderer, der Initiative einzelner Kollegen entsprungener kleinerer — Arbeitskreise vermochten die Lücke nicht auszufüllen, die durch die Auflösung des Vereins für Sozialpolitik entstanden war; es gab fortan in Deutschland keine Gesamtvertretung der Sozial- und Wirtschaftswissenschaften, wie sie vor 1933 der Verein für Sozialpolitik gewesen war und wie sie sich — trotz aller von Zeit zu Zeit laut werdender und vielfach berechtigter Kritik an mancherlei Mängeln und Unzulänglichkeiten, von denen keine derartige Organisation im Wandel der Zeiten verschont bleibt — als nützlich und notwendig und fruchtbar bewährt hatte.

Und so ist es verständlich, daß sehr bald nach Überwindung des allgemeinen Schocks, der den Ereignissen im Frühjahr 1945 gefolgt war, und nachdem die deutschen Hochschulen ihre Tore wieder geöffnet hatten und der Weg für einen ungehinderten wissenschaftlichen Gedankenaustausch wieder frei zu sein schien, Bedürfnis und Wunsch nach Wiederherstellung der früheren ständigen, durch wissenschaftliche Tagungen geförderten Verbindung zwischen den Fachkollegen überall lebendig wurde.

Eine erste Aussprache über Möglichkeit, Form und Ziel einer Erneuerung des früheren organisatorischen Zusammenschlusses der sozial- und wirtschaftswissenschaftlichen Hochschullehrer fand gelegentlich einer Konferenz der Rechts- und Wirtschaftswissenschaftlichen Fakultäten in Göttingen im Herbste 1946 statt. In einer von R. *Passow* geleiteten Aussprache, an der sich die Kollegen G. *Albrecht, E. Egner, C. Eisfeld, H. Fick, R. Johns* und H. *Sauermann* beteiligten, wurde mit großer Einmütigkeit die Meinung vertreten, daß es an der Zeit sei, einen neuen organisatorischen Zusammenschluß nach Art des 1936 aufgelösten Vereins für Sozialpolitik vorzubereiten oder dessen Neubegründung in die Wege zu leiten. Übereinstimmung bestand ferner insbesondere darüber, daß die geplante Vereinigung die Hochschullehrer der Wirtschaftswissenschaft im weitesten Sinne, vor allem der Volks- und Betriebswirtschaftslehre, zusammenfassen und, wie einst der Verein für Sozialpolitik, auch wissenschaftlich interessierte Praktiker der Wirtschaft und Sozialpolitik einzubeziehen habe. Herr *Sauermann* übernahm es, in nicht zu ferner Zeit eine erste Zusammenkunft der erreichbaren Fachkollegen nach Frankfurt einzuberufen, doch sollte zuvor Herr *Albrecht* die Fühlung mit dem letzten Vorsitzenden des Vereins für Sozialpolitik, Herrn *C. v. Dietze,* aufnehmen und ihn um Teilnahme an den Bemühungen um Wiederbelebung der früheren so fruchtbaren Verbindung unter der Fachkollegenschaft bitten.

Es stellte sich aber bald heraus, daß doch nicht von allen Kollegen die Auffassung geteilt wurde, die Zeit zur Erneuerung des fachlichen Zusammenschlusses sei bereits gekommen. Auch in dieser Frage erwiesen sich die durch die Besetzung Deutschlands geschaffenen Zonengrenzen als nicht so leicht zu überwindendes Hindernis, zu dem die Ungeklärtheit der politischen Voraussetzungen für die Berufsausübung und die öffentliche — literarische und sonstige — Wirksamkeit hinzukam. Dies und manches andere hatte zur Folge, daß die in Göttingen erörterten Absichten, für deren Weiterverfolgung und Verwirklichung Herrn *v. Dietze* zu gewinnen nicht gelang, zunächst noch scheiterten.

Eine erneute Gelegenheit, den einmal gefaßten Plan wieder aufzugreifen, bot die erste Nachkriegs-Studienkonferenz der Deutschen Reichsbahn, die Anfang 1947 in Rothenburg ob der Tauber stattfand. Wieder traten die an ihr beteiligten Volks- und Betriebswirte zu Sonderbesprechungen zusammen. Es war gegenüber der Göttinger Zusammenkunft ein ganz verschiedener und auch wieder keineswegs nach Hochschulen und Fachrichtungen repräsentativ für das ganze Fach zusammengesetzter Kreis von Kollegen, deren jeder aber, und zwar gerade unter dem Eindruck der Verhandlungen und der Aussprache über einen speziellen Fragenkreis des allgemeinen Fachgebietes der Wirtschaftswissenschaft, die diesen kleinen Kreis von Fachkollegen zusammengeführt hatten, das Bedürfnis empfand und von dem Wunsche beseelt war, daß die früheren fachwissenschaftlichen Tagungen sobald wie möglich wieder aufleben möchten. Die Leitung der Besprechungen lag diesmal in der Hand eines der verdientesten Nestoren der Wirtschaftswissenschaft, *O. v. Zwiedineck-Südenhorsts*, ihre Teilnehmer waren *G. Albrecht, P. Berkenkopf, H. Fick, W. Hoffmann, G. Kühn, Ad. Lampe, A. F. Napp-Zinn, B. Pfister* und *Alph. Schmitt*. Es wurde Einmütigkeit darüber erzielt, daß es an der Zeit sei, den Versuch einer ersten Nachkriegs-Fachtagung einmal als Ausgangspunkt für die Verwirklichung der in Göttingen erörterten organisatorischen Pläne, sodann aber ganz besonders zur fachwissenschaftlichen Aussprache über einige der wichtigsten Fragen zu unternehmen, deren möglichst sachgemäße Klärung für den wirtschaftlichen Wiederaufbau Deutschlands allen Teilnehmern an der Besprechung besonders dringlich erschien, vor allem der Währungsfrage und des Sozialisierungsproblems. Die Entschlossenheit dieses kleinen Kreises zur Tat fand darin ihren Ausdruck, daß Herr *Albrecht* mit der Vorbereitung und Einberufung einer Tagung der volkswirtschaftlichen Hochschullehrer im Herbst 1947 beauftragt und sogleich als Tagungsort Rothenburg ob der Tauber bestimmt wurde.

* * *

Über Plan und Ziel der so beschlossenen Tagung erging alsbald die folgende von den Kollegen *Albrecht, Eckert, v. Zwiedineck - Südenhorst* unterzeichnete Mitteilung an alle diejenigen Fachkollegen, deren Aufenthalt bekannt war oder ermittelt werden konnte:

„**Tagung der volkswirtschaftlichen Hochschullehrer.** Gelegentlich einer Studienkonferenz der deutschen Reichsbahn vom 1. bis 3. Juli 1947 in Rothenburg haben Besprechungen der anwesenden wissenschaftlichen Vertreter der Volkswirtschaftslehre über die Einberufung einer Zusammenkunft der volkswirtschaftlichen Hochschullehrer und Erwägungen über die Gründung einer Vereinigung der Volkswirte stattgefunden.

In Anbetracht der von allen Beteiligten empfundenen Dringlichkeit einer fachwissenschaftlichen Erörterung und Klärung einer Reihe brennender und lebenswichtiger wirtschaftlicher Fragen wurde beschlossen, den Wunsch aller Anwesenden, der gewiß auch als derjenige aller übrigen Fachgenossen angesehen werden darf, so schnell wie möglich eine Zusammenkunft und Aussprache der volkswirtschaftlichen Hochschullehrer herbeizuführen, ohne Verzug in die Tat umzusetzen und die Unterzeichneten mit der Einberufung einer Konferenz zu betrauen. Diese sind sich bewußt, daß mancherlei Zweifel und Bedenken hinsichtlich des Zeitpunktes, des Ortes, des Verhandlungsprogrammes, des Teilnehmerkreises u. ä. vorgebracht werden können. Sie bitten, solche Bedenken gegenüber der Dringlichkeit einer Zusammenkunft und Aussprache der volkswirtschaftlichen Hochschullehrer zurückzustellen und ihnen das Vertrauen zu schenken, daß sie ihr Bestes getan haben, um die Tagung überhaupt zu ermöglichen.

Wenn auch die Einberufer ebenso wie ihre Auftraggeber der Auffassung sind, daß eine gegebenenfalls zu gründende Vereinigung Volks- u n d Betriebswirte umfassen soll, ergeht diese Einladung im wesentlichen nur an die volkswirtschaftlichen Kollegen. Es werden aber einige Vertreter der Betriebswirtschaftslehre gebeten, an der Tagung und ihren Beschlüssen teilzunehmen, um dann ihrerseits ihren Fachkollegen zu berichten und diesen Gelegenheit zu geben, sich über die Frage ihrer Beteiligung an einer gemeinsamen Organisation schlüssig zu werden. Wir bitten ganz besonders um Verständnis für dieses Vorgehen, das nicht zuletzt mit Rücksicht auf die beschränkten Unterbringungsmöglichkeiten geboten schien."

Die Tagesordnung der dann zum 27. bis 29. September 1947 nach Rothenburg einberufenen Konferenz war die folgende:

26. September

20.30 Uhr: Zwangloses Beisammensein im Goldenen Hirsch.

27. September

8.45 Uhr: Begrüßung und Konstituierung.

9.30 Uhr: Aussprache über die Währungsfrage.

15.30 Uhr: Fortsetzung der Aussprache über die Währungsfrage.

17.30 Uhr: Aussprache über Zeitpunkt der Gründung und Art einer wirtschaftswissenschaftlichen Vereinigung.

28. September

8.45 Uhr: Aussprache über allgemeine Fach- und Studienfragen.
Zukunft der Fachzeitschriften.
Diplomprüfungsordnung.

Nachmittag: Verhandlungsfrei.

29. September

8.45 Uhr: Aussprache über die Sozialisierungsfrage, eingeleitet durch ein Referat über die theoretischen Grundlagen der Sozialisierung von Professor *G. Rittig*.

15.30 Uhr: Zusammenfassung der Ergebnisse der Tagung.

Die Eröffnung der Tagung hatte Herr *v. Zwiedineck-Südenhorst* übernommen. Er konnte außer den etwa 60 erschienenen Fachkollegen, unter denen leider diejenigen aus der russischen Besatzungszone, die zunächst zugesagt hatten, im letzten Augenblick aber am Erscheinen verhindert waren, u. a. die Herren Regierungspräsident Dr. *Schregle,* Ansbach, Präsident *Wagner,* Regierungsdirektor *Lange-Lütke,* Staatsrat *Meinzholt,* München, Bürgermeister Dr. *Wünsch,* Rothenburg, Direktor *Strebe,* Rothenburg, als Gäste begrüßen.

Es zieme sich, so fuhr *v. Zwiedineck* fort, daß wir bei diesem ersten Zusammentreffen deutscher Volkswirte auch jener gedenken, die seit dem letzten Zusammensein einer größeren Zahl von Nationalökonomen, als das wohl die Tagung des Vereins für Sozialpolitik in Dresden 1932 gelten darf, der Tod aus unseren Reihen gerissen hat. So vor allem jener alten, deren Wirksamkeit bis ins 19. Jahrhundert zurückreicht, *Diehl, Lotz, Sering, Sieveking* und *Sombart,* wir gedenken aber auch weiter der Jüngeren, die von uns gegangen sind: *Bruck, Drescher, Feiler, v. Keller, Lederer, Mombert, Schmittmann, v. Stackelberg, Vleugels, Weigmann,* ganz besonders aber jener beiden, die als Opfer politischen Hasses gefallen sind: *Eulenburg* und *Jessen.*

Ihrer grundsätzlichen Bedeutung wegen sollen die weiteren Ausführungen v. Zwiedinecks im Wortlaute wiedergegeben werden:

Professor Dr. v. ZWIEDINECK-SÜDENHORST (München):

„Die Einladung und das Programm unserer Tagung hat Ihnen, werte Kollegen, die Entstehung unserer Zusammenkunft erläutert. Auch der Zweck ist aus dem Programm einigermaßen zu erkennen. Es geht um drei Dinge:

1. Die Stellungnahme der Wissenschaft zu einem der vordringlichsten Probleme des wirklichen Lebens von heute, in der jetzigen unheimlich zerrütteten, undurchsichtig gewordenen deutschen, ja trotz der Zerrissenheit deutschen Volkswirtschaft: es geht um die Wissenschaft als Forschung.

2. Die Stellungnahme zu einigen Fragen des Unterrichts. Insoweit gilt unsere Tagung der Wissenschaft als Lehre.

3. Eine berufspolitische Stellungnahme, in der es um die soziale oder mindestens kameradschaftliche Frage geht: ob und wenn ja, wie wir eine Berufsvereinigung ins Leben rufen sollen und wollen: es geht um die Wissenschaft als Beruf.

Als Ältester der Anwesenden, vielleicht nicht an Semesterzahl, da ich zwar seit Anfang 1895 im 53. Dienstjahre, doch, nur seit 1901 als akademischer Lehrer, erst im 93. Lehrsemester stehe, als Ältester darf ich mir wohl eine Rückschau erlauben und daran erinnern, daß fast auf den Tag genau 75 Jahre seit dem Gründungsakt des Ver-

eins für Sozialpolitik (VfS) verstrichen sind. Wenn ich daran erinnere, so denke ich selbstverständlich nicht unser heutiges Zusammentreffen mit jenem Geschehen in Eisenach am 8. Oktober 1872 ohne weiteres auf eine Linie zu stellen.
Wohl ist, als vor drei Monaten während der Reichsbahnstudienkonferenz hier in Rothenburg etwa ein Dutzend von uns zusammentraten, in einem unverbindlichen Gespräch das Wort gefallen: sollten wir nicht den VfS. wieder ins Leben rufen, um Fühlung untereinander zu gewinnen? — Der Gedanke, eine Beziehung zu dem Wirken des Vereins herzustellen, ist also lebendig. Aber der Verein ist bei seiner Gründung eine in erster Linie politisch gedachte Vereinigung gewesen, in der die Professoren nur die Träger der Idee und die Organisatoren waren, vor allem *Schmoller* und *Brentano,* wie ihr Briefwechsel beweist, dann aber auch namentlich *Knapp, Held* und *Nasse.* Im Verein versammelten sich bei seiner Gründung 158 Teilnehmer, unter ihnen aber nur 24 Hochschullehrer. Und der propagandistische Zweck jener Tagung und Gründung ist wiederholt ausdrücklich formuliert worden. Zweck unseres Zusammentretens ist, wie ich sehe, nichts dergleichen. Wenn es also (namentlich zunächst ohne rechtliche Grundlage) nicht in Parallele zur Eisenacher Versammlung von 1872 gestellt werden kann, so ist das Erinnern an jenen Akt doch insoweit gerechtfertigt, als der VfS. als die erste Kollektiverscheinung unter den deutschen Volkswirtschaftslehrern gelten darf und auch wir wieder eine solche darstellen. Dazu kommt aber doch ein noch viel schwerer wiegendes Argument: der politische Ziele verfolgende Verein hat von allem Anfang an gedacht, seine nach außen strebende Arbeit wissenschaftlich zu unterbauen. Galt es damals, der Öffentlichkeit klarzumachen, daß der Staat wirklich nicht ein Klassenstaat im Sinne von *Marx,* ein Staat ausschließlich zugunsten der Besitzenden sei, so galt es ebenso, ein größeres Ausmaß an positiver Staatsintervention aus einer Reaktion gegen das *Bastiat*sche laissez faire überhaupt, aber ganz besonders für Fragen der Sozialpolitik als berechtigt und notwendig zu erweisen. Die Wissenschaftsvertreter sahen sich in Übereinstimmung mit hervorragenden Politikern, wie es damals hieß, in einer „Auffassung des Staates, die gleich weit von der naturrechtlichen Verherrlichung des Individuums und seiner Willkür, wie von der absolutistischen Theorie einer alles verschlingenden Staatsgewalt entfernt war." Es war also eine mittlere Linie in dem ganzen dem Staat gegenüberstehenden Wollen bei der Gründung der VfS. klar formuliert, aber auch ausdrücklich als selbstverständliche Folge ehrlicher Wissenschaftlichkeit ebenso nach 25 Jahren auf der Kölner Generalversammlung 1897 wieder anerkannt und festgehalten.

„Mittlere Linie" ist aber noch keine Einheit. Sie war schon unter den Hochschullehrern bei der Gründung, abgesehen von der positiven Haltung zur Sozialpolitik, keineswegs vorhanden, sie war es auch später nie. Und 1922 bei der 50jährigen Jubiläumstagung in Eisenach hat es *Herkner* besonders betont, daß die Wissenschaft ja auch in politisch verschiedenen Lagern stehe.

In unserer deutschen Wissenschaft dokumentiert sich leider auch ein Stück allgemeiner deutscher Eigenart! Wenn man überlegt, wie unvergleichlich einheitlicher die englische und bis vor nicht langer Zeit auch die französische Nationalökonomie geblieben war, so ist die deutsche Wissenschaft hinsichtlich Richtung und Methode recht mannigfaltig. Deshalb wohl sind auch gerade aus den Reihen der akademischen Mitglieder des Vereins immer wieder Gedanken zu einer Umgestaltung aufgekommen. Sie erfolgte nicht. Aber einigend ist die Tatsachenforschung, für alle Richtungen wertvoll, in den Vordergrund getreten, und diese Aufgabe des VfS. ist schließlich auch von jenen anerkannt worden, die die Überzeugung von der Existenz natürlicher Gesetzmäßigkeiten des Wirtschaftslebens, über die sich die Staatsgewalt **nicht** hinwegsetzen dürfe, festgehalten worden.

Aber es ist immerhin zu erinnern: die scharfe historisch-realistische, konkretisierende Reaktion gegen die klassische Naturrechtsschule hat der deutschen Nationalökonomie erst das Gepräge einer besonderen Schule gegeben, so daß kein geringerer als der Franzose *Gide* — und darin ist die Bedeutung des VfS. für die Wissenschaftsgeltung gerade im Ausland auch zu sehen — sagen konnte: erst seit dem Eisenacher Kongreß 1872 könne man von einer besonderen deutschen Schule sprechen.

Wenn so der VfS. über sein ursprünglich überwiegend politisches Wollen hinaus- und ins Wissenschaftliche immer mehr hineingewachsen ist, so geschah das keineswegs immer unter allgemeiner Zustimmung. So hat *Brentano* in der Einbeziehung anderer als sozialpolitischer Fragen in die Vereinstätigkeit stets eine Verzerrung und Entartung seines Programms erblickt. Hat er damit recht gehabt? — Ist nicht die Gewissenhaftigkeit der im Verein wirkenden Männer das Ausschlaggebende gewesen für die Bedeutung, die der VfS. gewonnen hat, und auch das treibende Element, so daß der Verein bald ein Institut zur sorgfältigen wissenschaftlichen Vorbereitung gediegener Politik wurde, ein **Institut für die phänomenologische Fundamentierung** aber nicht nur der wirtschaftspolitischen Stellungnahme zu aktuellen Problemen, sondern auch für die systematische Darstellung vieler Gebiete der speziellen Volkswirtschaftslehre: der Gewerbe- und Agrarverfassung, der Währungs-, Steuer-, Kredit-, der Wanderungspolitik, des Kartellwesens;

und das alles außer den spezifisch sozialpolitischen Problemen wie Koalitionsrecht, Wohlfahrtseinrichtungen, Landarbeiter- und Hausindustriefragen, Sozialversicherung usw.?
Sie wissen ja auch, wie tief in die Wirtschaftstheorie die Fragestellungen der Vereinsarbeiten eingedrungen sind mit den Untersuchungen über die Krisen und jenen soziologischen Arbeiten über Auslese und Anpassung, deren wissenschaftlich sauberen Ergebnisse auch heute noch eine Grundlage für die Darstellung im allgemeinen Teil der Volkswirtschaftslehre sind, jedenfalls sein können. So ist der VfS. ein Publikationsinstitut für volkswirtschaftliche Tatsachenforschung geworden. Die so sehr perhorreszierte Verbindung von Politik mit Wissenschaft hat, wie man wohl sagen darf, im VfS. sowohl der Wissenschaft als auch der Politik Nutzen gebracht, und die warnende Haltung *Max Webers* gegen eine politisch-wissenschaftliche Vereinigung, indem er Wissenschaft als Beruf und Politik als Beruf in Gegensatz stellte, hat dem VfS. nur sehr cum grano salis gegolten. Nun darf man freilich bei einer Parallelisierung nicht außer acht lassen: es haben sich die Verhältnisse für die **Wirkungsmöglichkeit der Wissenschaft auf die Politik im Laufe der Zeit erheblich geändert.**
1872 konnten die Gründer des Vereins glauben, daß die Regierung Deutschlands in der Hauptsache durch ein wissenschaftlich hochgebildetes Beamtentum, das über den Parteien und Klasseninteressen stand, möglich sei, und sie konnten damit rechnen, daß ein politisch-wissenschaftlicher Verein eine wichtige Stütze für die Staatsführung sein würde. Die damaligen Liberalen (das waren die Gründer) wollten von parlamentarischer Regierungsweise überhaupt wenig wissen und glaubten fest an die Kraft wissenschaftlicher Weisung. Aber schon 1890 hat *Schmoller* bei Übernahme des Vereinsvorsitzes die Lage als verändert gekennzeichnet. Und bei der Jubiläumstagung 1897 konnte mit solcher Einflußmöglichkeit der Wissenschaft nur noch einigermaßen gerechnet werden, ganz und gar nicht aber 1922, 50 Jahre nach der Gründung. Denn damals war an die Stelle der alten starken staatlichen Beamtenbürokratie eine Bürokratie der bewußt klassenmäßig orientierten Verbände getreten und hatte eine Herrschaftsstellung gewonnen, die wenig geneigt war, wissenschaftlichen Rat einzuholen, und das, obwohl der Gang der Wirklichkeit gezeigt hatte, daß die Professoren nicht nur bei der Gründung des VfS., sondern namentlich auch in der großen Reaktion der 90er Jahre gegen die Sozialpolitik die richtigen Wege gewiesen und den Gang der Entwicklung richtiger beurteilt haben als die Unternehmer und die Arbeiter, die aus ihrer radikalen Orientierung heraus gegen die Wissenschaft gewettert haben, weil die Professoren ihnen nicht nur nicht

geschmeichelt, sondern auch unangenehme Wahrheiten gesagt haben und mit Recht die Reaktion g e g e n die Sozialpolitik als eine der vorübergehenden Wellenbewegungen bewertet haben, wie sie in dem geschichtlichen Ablauf immer auftreten. Es war gewiß nicht ganz glücklich, wenn man die Vertreter der Wissenschaft als die ehrlichen Makler zwischen Unternehmer und Arbeiter bezeichnet hat, weil zu makelndem Verhandeln mit beiden Parteien kaum Möglichkeiten gegeben waren. Aber eine mittlere Linie ist es immer gewesen, die die Wissenschaft im wesentlichen gewiesen hat, soweit sie politisch wirkte, und das konnte kaum anders sein, denn die nüchterne Prüfung und Abwägung der Tatsachen, die von Vorurteilen freie Beurteilung der Kräfte, die in Wirklichkeit zu sehen sind, werden eben wohl immer in der Mitte zwischen den Radikalismen stehen müssen, sie werden kaum jemals in ein radikales Fahrwasser weisen, und wenn ich gesagt habe, die Professoren haben recht behalten, so meine ich damit, daß wir heute sowohl vor der Tatsache einer merklichen Wandlung des kapitalistischen Systemes stehen, als auch vor einer Revision der Programmatik der Gegner dieses Systems. Nur beispielsweise sei erinnert: es hat sich einerseits das Gewinnstreben des Kapitalismus als unzulänglicher Antrieb für die große Menschlichkeitspflicht zur Hungerbekämpfung in der Oikumene erwiesen, und es hat andererseits eine wesentlich bedachtere Stellungnahme der Links-Programme zur Sozialisierung die Oberhand gewonnen.

Diese Erfahrung, daß die Professoren r e c h t b e h a l t e n h a b e n, soll und darf freilich nicht etwa zum Orgelpunkt unserer Arbeit werden. Daß die Professoren recht behalten und soweit sie es getan haben, war ein Erfolg ihres ehrlichen Bemühens, das große Kräftepolygon der gesellschaftlichen Wirtschaft mit all ihren Komponenten genauer kennenzulernen und zu theoretisieren, d. h. bis zu einer gewissen Allgemeingültigkeit der Erkenntnisse zu führen. Wie es ein Fehler des Liberalismus war, das Anwachsen so vieler Größen ins Massenhafte unbeachtet zu lassen, die Wirkung der Quantitätsänderung auf die Qualitäten und ins Psychische gering zu schätzen, so war es andererseits eine wichtige Leistung der wissenschaftlichen Arbeit, daß sie, indem sie solchen Wandlungen Bedeutung beimaß und sie studierte, auch die Machtverschiebungen rechtzeitig durchschaute, die aus ihnen erwachsen sind. Wendet man ein, die Wissenschaft habe doch so vielfach Erkenntnisse preisgeben müssen, habe doch auch in so manchem unrecht gehabt, so ist das ohne weiteres zuzugeben. Aber es ist kein Argument gegen die Wissenschaft, da sich gar nicht feststellen läßt, wieweit die Gewinnung richtiger Erkenntnisse auf die Anregung durch unrichtige Theorien zurückzuführen war und ist. Das ist eben nicht nur im Bereich der exaktesten Naturwissenschaft,

der Physik, reichlich genug der Fall gewesen, auch in den Kulturwissenschaften läßt sich dieser Zusammenhang erweisen. Was an richtigen Erkenntnissen wäre n i c h t gewonnen worden, wenn die klassische Schule n i c h t die apriorische Harmonietheorie aufgestellt hätte, die ein gewaltiger Irrtum war!
Es gibt eine große Zahl von Einrichtungen der gesellschaftlichen Wirtschaft, über deren grundsätzliche Zweckmäßigkeit und Gestaltung in der Wissenschaft weitgehende Übereinstimmung besteht. Es ist also durchaus nicht bedenklich, von einer w i s s e n s c h a f t l i c h e n M e i n u n g zu sprechen, und man darf allgemein sagen: über die Ätiologie der Erscheinungen und über Kausalitäten bestehen jedenfalls viel weniger Meinungsverschiedenheiten als über die Beurteilung der Daten, von deren Einschätzung die theoretische Stellungnahme abhängt. Hat der Wissenschaftler die Daten unrichtig gewertet, was eben mit menschlichen Schwächen zusammenhängt, so wird das zu einem Argument für die Abwertung der Wissenschaft ohne jede Berechtigung ausgenützt. Die breitere Öffentlichkeit freilich wird nur sehr selten die objektive Richtigkeit einer Lehre von dem Fehler ihrer Anwendung infolge subjektiv irriger Wertung der Tatsachen auseinander zu halten vermögen. Ohne der heutigen Verhandlung vorgreifen zu wollen, möchte ich das Gesagte damit illustrieren, daß die Einstellung zur Frage der Zeitgemäßheit der Geldreform davon beeinflußt sein wird, welche Vorräte man durch die Valutamisere zurückgehalten vermutet.
Die Gefahr des Zusammenwerfens der objektiven Richtigkeit wissenschaftlicher Erkenntnisse mit der Treffsicherheit des wissenschaftlichen Subjektes ist dann und deshalb groß, wenn und weil die Absicht deutlich wird, die Wissenschaft überhaupt zu verdächtigen und zu diskreditieren. Wenn man es erleben muß, daß von einem hochangesehenen Rundfunk wie dem Londoner ein einstiger Fachkollege als Sprecher die deutschen Professoren in Bausch und Bogen als reaktionär schlechthin brandmarkt, so ist wohl auch zu erkennen, wie ungünstig die Voraussetzungen für das Vertrauen breiter Kreise zu einem Urteil der Wissenschaft einem bestimmten Problem des Alltags gegenüber liegen. Und damit allein schon, mit der Ungunst der Voraussetzungen für unsere Lage, ist die Notwendigkeit unseres Zusammentretens begründet, ja gerechtfertigt.
Viele von uns hier Anwesenden haben den Beweis für ihren Mut, ihre Zivilcourage erbracht, so daß erwartet werden darf, daß es an ehrlichem wissenschaftlichen Bekennermut nicht fehlen wird, auch wenn die Meinungen nicht konform gehen.
Die L a g e u n s e r e r W i s s e n s c h a f t ist in vielen Beziehungen denkbar schwierig. Das Verständnis für wirkliche Wissenschaftlich-

keit, für jenes selbstlose Wahrheitsuchen der Wissenschaft ist augenblicklich nicht größer als vor 15 Jahren. Das ist begreiflich genug, wenn man die große Zahl von Beamteten mit völlig unzulänglicher Denkschulung bedenkt. Und andererseits ist unsere Wissenschaft durch das deutsche Schicksal zwischen West und Ost vor eine so zutiefst problematische Sachlage gestellt, die uns lehrt, wie zurückhaltend man mit der Anwendung sogenannter ewiger Naturgesetzlichkeiten sein muß.

Man überlege nur auch, daß wenigstens heute die Verteilung des Sozialprodukts nicht so sehr in den Vordergrund gestellt ist wie bei den Klassikern, sondern daß die Frage vordringlich ist nach jenem Wirtschaftssystem, mit dem man das Sozialprodukt so hoch wie möglich gestalten kann.

Die Tatsache der Umwertung alter Werte, die Änderung der Wertrelationen, die wir Tag für Tag immer irgendwo neu entdecken, drängt uns das Gebot auf: die Anwendbarkeit unserer wissenschaftlichen Erkenntnisse aus der Zeit vor der großen Katastrophe (die freilich nicht erst vom Kriegsbeginn zu datieren ist) sorgfältigst zu prüfen und in ihnen nicht mehr wissenschaftliche rochers de bronze sehen zu wollen. Die Losung: los vom individuellen Merkantilismus! Vorwärts zu USE (United States of Europe!) umreißt die Größe der heute zu leistenden wissenschaftlichen Denkaufgaben. Wie durchsichtig, wie spiegelklar und eben floß den Menschen, auch den Professoren zur Zeit der Eisenacher Tagung 1872, das zephyrleichte Leben dahin, als es noch um die Frage ging, ob die Naturgesetzlichkeit der Lohnhöhe der Sozialpolitik im Bereich des Lohnes eherne Schranken setzt. Wie wirklich unabhängig schienen so viele variable Daten für die theoretischen Untersuchungen! Was bedeutet es doch allen, daß das Rechtsempfinden und andere moralische Grundlagen erschüttert sind!

Wenn ich manchem unter Ihnen zuviel vom VfS. geredet haben sollte, so schreiben Sie es, bitte, der Tatsache zur Last, daß ein alter Mensch all das, was ihm zur Erweiterung seines Wissens, seines Blickfeldes geholfen, was ihn bereichert hat, bedeutsam auch für andere vermutet. Für wirklich gerechtfertigt aber halte ich heute das Erinnern an den VfS., weil an seiner Geschichte, seinem Wandel und Werden zwei Generationen deutscher volkswirtschaftlicher Hochschullehrer ohne Unterschied der Richtung — trotz des Gegensatzes zu *Schmoller* waren die Gelehrten der Grenznutzenschule, *Böhm-Bawerk, v. Wieser, Zuckerkandl, v. Philippovich, Meier*, Mitglieder des VfS. — so intensiv beteiligt waren, daß sich in der Geschichte des Vereins eben auch ein so großer Teil des Werdens deutscher Wissenschaft unseres Faches spiegelt. Auch der Untergang des Vereins 1936 ist im Zusammenhang mit der Wissenschaftstreue der damals mit der Leitung betrauten Persönlichkeiten zu sehen. Sie hatten noch die Mehrheit der alten Mitglieder gegen jene für sich, die den Verein dem Nationalsozialismus dienstbar machen wollten.

Wie sehr unsere Wissenschaft unter der schicksalsschweren nationalsozialistischen Episode gelitten hat — man denke an das Bemühen, eine NS-Ökonomie zum Entstehen zu bringen —, wissen Sie alle. Obgleich diese Episode abgeschlossen ist, die Nachwehen sind immer noch schwer zu fühlen. Und so dünkt es mir möglich und deshalb notwendig, daß die Träger unserer Wissenschaft in einer Gemeinschaft zur Verteidigung der Bürde, der Freiheit und der Würde unserer Arbeit zusammenhalten, um gegen die Schwierigkeiten, ja Gefahren, die für sie nicht zu verkennen sind, wirksam zu werden: Schwierigkeiten intra et extra muros, wenn sie auch nicht gerade ein peccare bedeuten. Zu den Schwierigkeiten gehört gewiß auch die Verschiedenheit der Meinungen, die aber nach meinem Gefühl in der heutigen schwierigen Lage wie in der Politik so auch in der Wissenschaft auf ein kluges Mindestmaß eingeschränkt werden kann und soll, wie es dem Kampf der Geister Pflicht ist. Eine weitere Schwierigkeit ist gewiß auch der Verlust an Einfluß auf die wirtschaftlich maßgebenden Kräfte, weil der Einblick in die wichtigsten Zusammenhänge des volkswirtschaftlichen Geschehens breiteren Kreisen nur sehr schwer vermittelt werden kann. Endlich im Zusammenhang damit steht die nicht zu übersehende Tatsache, daß alle ehrliche wissenschaftliche Kritik, die nicht der Massen-Mentalität entspricht, als reaktionär gebrandmarkt wird. Und deshalb, meine werten Kollegen, ist Wissenschaftstreue auch heute ohne Mut nicht möglich.

Ich habe aber die Überzeugung, daß wir an beides glauben, auf beides vertrauen können, wenn wir nicht vergessen, daß auch unsere Wissenschaft aus einem höheren Streben heraus entstanden ist. Aus dem Nachdenken über den großen Zusammenhang des Universums, dem Ursprung der Philosophie, ist wie jede so auch unsere Wissenschaft geboren, in deren Mittelpunkt der Mensch steht. Wenn auch die heute vielleicht zentrale Problemstellung unserer Wissenschaft: erforschen, wie das Sozialprodukt gefördert werden kann, materialistisch klingt, so treten doch gerade bei dieser Problembehandlung seelische Dinge stark und deutlich genug in unser Blickfeld. Ich selbst bekenne, nicht von der Philosophie, sondern von der Jurisprudenz her zu unserer Wissenschaft gekommen zu sein. Aber in jeder Wissenschaft führt der Weg, wenn man sie nur in ihren letzten Aufgaben ganz und zu tiefst erfaßt, zur Frage nach dem Sinn alles Geschehens, alles Seins. Mich dünkt, je näher eine Wissen-

schaft diesen Fragestellungen bleibt, um so mehr wird sie universalen Charakter behalten oder gewinnen, um so höher steht sie auch in der Rangordnung der Wissenschaftlichkeit. Ich habe es für meinen Teil immer als besonders wichtig empfunden, gerade durch das, was ich meinen Schülern zu geben habe, solche Universalität des Schauens und Denkens der jungen Generation nahezubringen und damit fortzusetzen.
Werte Kollegen! All unser sorgendes Nachdenken, Prüfen, Kritisieren, all unser Raten für Taten — wir wissen es nur zu gut! — hat wenig Chance, ein maßgebender Bestimmungsgrund der wirtschaftlichen Entwicklung zu sein, wenn das Rad der Politik vernichtend über alles wegrollt, wie ja auch schlechte Politik die Währungen zumeist in den Abgrund gestürzt hat.
Aber wir wollen uns an die Symptome für Hoffnung und Zuversicht halten. Sollte es denn nicht auch ein in diesem Sinn positives Symptom sein, daß heute weit nach links hinein der Begriff Vaterland auch im deutschen Volk wieder Kraft gewonnen hat gegen das einstige Bekenntnis zur Vaterlandslosigkeit?
Wie immer aber auch die politischen Dinge sich weiter gestalten mögen, es soll uns auch kein neuer Schicksalsschlag mürbe finden und niemals davon abhalten, all unsere ehrliche Arbeit dem in tiefster Not befindlichen und — je tiefer die Not, nur um so heißer — geliebten Vaterland zu weihen."

* * *

Das Thema der hierauf folgenden wissenschaftlichen Aussprache bildete die Frage der deutschen Währungsneuordnung als Gebot der durch Deutschlands politischen und wirtschaftlichen Zusammenbruch und seine Folgen hervorgerufenen Diskrepanz von Güterangebot (Produktionsleistung) und Geldüberfülle. Als Grundlage dienten auf den Vorarbeiten des sogenannten *Beckerath*ausschusses (eines Arbeitskreises, der sich seit 1942 mit der Erarbeitung von Grundsätzen und Richtlinien für die deutsche Wirtschaftsführung nach Kriegsende beschäftigt und seine Zusammenkünfte meist in Freiburg i. Br. abgehalten hatte) beruhende Materialien, die von Herrn *Lampe* redigiert und den meisten Tagungsteilnehmern zugänglich gemacht worden waren. Die sehr lebhafte Diskussion wurde durch ein Kurzreferat von Herrn *Albrecht* eingeleitet und nahm unter dessen Vorsitz in der Vormittagssitzung und unter Leitung von Herrn *Jahn* in der Nachmittagssitzung den ersten Verhandlungstag voll in Anspruch. An der Diskussion beteiligten sich, soweit die vorliegenden Aufzeichnungen erkennen lassen — eine stenographische

Aufnahme der Verhandlungen war leider nicht möglich — die Herren *Albrecht, Brinkmann, Carell, Egner, Ellinghaus, Fricke, Hoffmann, Kromphardt, Lampe, Miksch, Müller-Armack, Neuling, Nöll von der Nahmer, Pfister, Ritschl, Rittershausen, Rittig, Sauermann, Schiller, Schmitt, Schneider, Sultan, Weddigen, Weippert, Welter, Wessels, v. Zwiedineck*. In den Erörterungen rückte immer stärker der Zusammenhang von Währungs- und allgemeiner Wirtschaftsordnung in den Vordergrund, und es ergaben sich recht tiefgreifende Meinungsverschiedenheiten zwischen den Anhängern der Auffassung, daß nur eine mit dem entschlossenen Übergange zur Marktwirtschaft gekoppelte Geldneuordnung den erstrebten Erfolg einer allseitigen Wirtschaftsbelebung zu gewährleisten vermöge, und denen, die in einer maßvoll, vornehmlich unter sozialen Gesichtspunkten staatlich gelenkten Wirtschaft die einzige Möglichkeit der künftigen Wirtschaftsgestaltung erblicken. Wer diese erste wissenschaftliche Aussprache in größerem Kreise von Fachvertretern der Wirtschaftswissenschaft nach Jahren weitgehender gegenseitiger Abschließung miterlebt hat, wird sich ihrer gewiß als eines hier und da vielleicht allzu temperamentvoll geführten Kampfes der Geister um die Erkenntnis der Wahrheit erinnern, der nicht nur bewies, wie nachteilig sich eine langjährige geistige Isolierung wissenschaftlicher Forschungsarbeit für das gegenseitige Verständnis auswirken muß — wie notwendig es also ist, auf mit einer gewissen Regelmäßigkeit veranstalteten fachwissenschaftlichen Tagungen Gelegenheit zur gegenseitigen Mitteilung der Forschungsziele und -ergebnisse der verschiedenen Schulen und Fachrichtungen und zur Überprüfung der im Stillen geleisteten Arbeit aller ehrlich um die Erkenntnis der Wahrheit Ringenden zu geben —, sondern auch mit ermutigender Deutlichkeit zeigte, welch lebendiger und tatenfroher Geist sich auch in den Jahren weitgehender gegenseitiger Absperrung in den Reihen der nationalökonomischen Forschung Deutschlands erhalten hat. Das Ergebnis dieser Diskussion konnte in einer noch in den letzten Stunden der Rothenburger Zusammenkunft in einem kleineren Kollegenkreis unter der anfeuernden Leitung Herrn *Lampes* vorbereiteten und von diesem in den darauffolgenden Wochen in ständigem Gedankenaustausch mit einer Reihe von Kollegen, besonders Herrn *Albrecht*, endgültig redigierten Formulierung von Thesen zur „Sanierung der deutschen Wirtschaft" fruchtbar gemacht werden, die mit 48 Unterschriften versehen an alle in Deutschland politisch und wirtschaftlich verantwortlichen Stellen versandt worden ist. Die Thesen sind diesem Bericht unter II angefügt.

Am Abend des ersten Verhandlungstages vereinigte sich ein Teil der Tagungsteilnehmer nach Anhören eines Orgelkonzertes noch einmal im Sitzungssaale des „Goldenen Hirsch". Herr *v. Zwiedineck* ergriff hier das Wort zu einer wohl allen, die dabei waren, unvergeßlichen Ansprache voller Güte und Weisheit. Er wies in ihr in Verbindung mit einem Worte des Dankes an Herrn *Albrecht* für die von ihm für die Vorbereitung der Tagung geleistete Arbeit auf die Bedeutung dieser ersten Zusammenkunft eines so großen Teiles der Fachkollegenschaft nach den ereignisreichen, schweren und verhängnisvollen Jahren der auch wissenschaftlichen Freiheitsunterdrückung und des Krieges hin. Veranlaßt durch den nicht immer ganz friedlichen Verlauf der Aussprachen des Tages ermahnte er unter einem von Humor und tiefer Lebenserfahrung gewürzten Rückblick auf die Anfänge der eigenen akademischen Laufbahn zur wissenschaftlichen Toleranz. Mit dem Hinweise, daß dieser Geist echt wissenschaftlicher Gesinnung sich in den Verhandlungen des Vereins für Sozialpolitik immer wieder durchgesetzt und im ganzen seine Geschichte von der Begründung bis zur Auflösung beherrscht habe, gab er das Stichwort zur Erörterung der Frage der Neubegründung einer fachwissenschaftlichen Vereinigung der Wirtschaftswissenschaft, deren Leitung auf Vorschlag der beiden anderen Einberufer der Tagung Herr *Eckert* übernahm. An der Aussprache hierüber beteiligten sich u. a. die Herren *Albrecht, Brinkmann, Eckert, Fricke, Ritschl, Rittig, Schneider, v. Zwiedineck*. Es soll besonders hervorgehoben werden, daß der zuerst von Herrn *Brinkmann* ausgesprochene Vorschlag, den Verein für Sozialpolitik wieder zu begründen, mit besonders nachdrücklicher Zustimmung von einigen der jüngeren Kollegen befürwortet wurde. So fand diese Anregung Annahme, ohne daß ausdrücklicher Widerspruch gegen sie laut wurde; es sei jedoch bemerkt, daß die unter III abgedruckte, erst nachträglich festgestellte und vielleicht nicht vollständige Liste der Teilnehmer an dieser Abendsitzung einige Namen der anwesend Gewesenen nicht enthält; nur von Herrn *Pfister* ist ausdrücklich festgestellt worden, daß er sich in die Liste deshalb nicht eingetragen — aber der Wahl des vorläufigen Vorsitzenden zugestimmt — habe, weil er zwar für die Begründung einer Fachvereinigung, aber nicht für das Wiederaufleben des Vereins für Sozialpolitik gewesen sei.

Der alsdann gemachte Vorschlag, den letzten Vorsitzenden des Vereins für Sozialpolitik, Herrn *v. Dietze,* zu bitten, den Vorsitz der neu zu gründenden Vereinigung zu übernehmen, wurde nach Bekanntgabe seiner schriftlich geäußerten Zweifel an der richtigen Wahl des Zeitpunktes der Vereinsgründung und insbesondere seiner Bedenken gegen die Wiederbegründung des Vereins für Sozialpolitik fallen gelassen und Herr *Albrecht* zum vorläufigen Vorsitzenden mit dem Auftrage der Erfüllung der Gründungsformalitäten und zur gegebenen Zeit der Einberufung einer Mitgliederversammlung zwecks endgültigen Vollzuges der Gründung gewählt.

Am zweiten Verhandlungstage wurden nach einem verhandlungsfreien (Sonntag-)Vormittag, der den Teilnehmern zu Stadtbesichtigungen, dem Besuch eines Hans-Sachs-Spiels und zu Spaziergängen in der Umgebung Rothenburgs und bei alldem zu so lange entbehrten und daher besonders begrüßten Aussprachen in kleineren Gruppen willkommene Gelegenheit bot, am Nachmittag unter Vorsitz von Herrn *Hoffmann* einige Fach- und Studienfragen besprochen, deren Klärung nach Wiedereröffnung der Hochschulen und nach Rückkehr zu normaleren Bedingungen der Wissenschaftspflege als brennend empfunden wurden. So beschäftigte sich die Konferenz mit der Frage der Diplom-Volkswirtsprüfung, deren Erörterung auch Anlaß zu einer Aussprache über die beruflichen Berechtigungen und Möglichkeiten der Absolventen des wirtschaftswissenschaftlichen Studiums gab. Die Grundlage der Diskussion über die Dipl.-Volkswirtsprüfung bildeten zwei Kurzreferate der Herren *Sauermann* und *Schachtschabel*. Leider ist bisher der Beschluß, einen hierfür gewählten Ausschuß mit der Vorbereitung eines Gesamtberichtes über die Neugestaltung der Dipl.-Volkswirtsprüfung zu betrauen, ohne nachhaltige Auswirkung geblieben, doch besteht jetzt die Aussicht, daß die Bearbeitung dieser Frage in nicht zu ferner Zeit mit Nachdruck in Angriff genommen wird. Die erste Frucht des von Herrn *Ellinghaus* übernommenen Auftrages einer Klärung der Frage der Berufsmöglichkeiten und -aussichten der akademisch vorgebildeten Volks- und Betriebswirte ist der oben[1]) wiedergegebene Bericht, den Herr *Ellinghaus* der Mitgliederversammlung des „Vereins für Sozialpolitik — Gesellschaft für Wirtschafts- und Sozialwissenschaften" am 16. September 1948 in Marburg erstattet hat. Schließlich fand noch eine Aussprache über den Stand der Frage der sozial- und wirtschaftswissenschaftlichen Fachzeitschriften und die Aussichten ihres Wiedererscheinens statt. Erst jetzt ist es so weit, daß, nachdem das Finanzarchiv bereits im Frühjahr 1948 mit seinem ersten Hefte (Neue Folge, Bd. 11) den Reigen eröffnet hatte, in Kürze mit der Fortführung einiger der alten deutschen sozial- und wirtschaftswissenschaftlichen Fachzeitschriften gerechnet werden und damit die so dringend notwendige publizistische fachwissenschaftliche Aussprache erneut in Gang kommen kann.

---

[1]) Siehe S. 86 ff.

Der dritte Verhandlungstag war der Erörterung der grundsätzlichen und theoretischen Seite des Sozialisierungsproblems gewidmet. Die Grundlage der von Herrn *Wessels* geleiteten Diskussion, an der sich die Herren *Arndt, Brinkmann, Carell, Mackenroth, Miksch, Müller-Armack, Ritschl, Schiller, Schneider, Sultan, Wessels* beteiligten, bildete ein gehaltvolles Referat des Herrn *Rittig*. Zur weiteren Klärung der in ihm und in der Diskussion aufgeworfenen Fragen wurde die Einsetzung eines Ausschusses unter dem Vorsitze des Herrn *Weddigen* und mit den folgenden Mitgliedern beschlossen: *Brinkmann, Kromphardt, Mackenroth, Miksch, Müller-Armack, Pfister, Ritschl, Rittig, Schiller, Wessels*. Dieser Ausschuß zur Vorbereitung einer Untersuchung zur Frage der sozialen Gestaltung der Wirtschaftsordnung hat inzwischen seine Arbeit aufgenommen und in einer Zusammenkunft am 8. April 1948 in Schönberg/Taunus sein Arbeitsprogramm festgelegt und die Einzelaufgaben zu seiner Durchführung verteilt.

In der Abschlußsitzung am Nachmittage gelangte die folgende Entschließung, die der Presse übergeben und an alle maßgebenden deutschen Instanzen und diejenigen der Besatzungsmächte gesandt wurde, einstimmig zur Annahme:

„Die volkswirtschaftlichen Hochschullehrer Deutschlands haben sich zu ihrer ersten fachwissenschaftlichen Tagung nach dem Zusammenbruch in Rothenburg ob der Tauber vereinigt. Die Zusammenkunft findet zu einem Zeitpunkte statt, zu dem angesichts immer bedrohlicher aufsteigender Gefahren für die Wirtschaft Europas weittragende Entscheidungen in Vorbereitung sind. Die in Rothenburg versammelten Fachvertreter der Wirtschaftswissenschaft halten es für ihre Pflicht, in einem solchen Augenblicke folgendes auszusprechen:

An Deutschlands Willen und der Fähigkeit des deutschen Volkes, mit der unerläßlichen auswärtigen Hilfe der eigenen wirtschaftlichen Nöte Herr zu werden und damit einen angemessenen Beitrag zur Überwindung der wirtschaftlichen Schwierigkeiten Europas und der Welt zu leisten, ist nicht zu zweifeln. Aber seit mehr als zwei Jahren ist es Deutschland nicht möglich gewesen, die ihm verbliebenen Produktivkräfte in ausreichend wirksamer Weise in den Dienst der so dringend notwendigen Heilung der wirtschaftlichen Kriegsfolgen zu stellen. Die Gründe, auf denen dieser Ausfall an Wirtschaftsleistung beruht, sind zu bekannt, um noch einmal besonders hervorgehoben werden zu müssen. Damit Deutschland seine Kräfte wieder in den Dienst des wirtschaftlichen Aufbaus stellen kann, erscheint die Erfüllung folgender Voraussetzungen unerläßlich:

1. Ein Land kann seine Produktivkräfte nur dann zu optimaler wirtschaftlicher Auswirkung bringen, wenn die Einheit seiner Volkswirtschaft, die in ihrer vielfältigen Gliederung ein geschichtlich gewordenes Ganzes darstellt, und die selbständige Verfügung über ihre Kräfte gewährleistet ist.
2. Die notwendige Einheitlichkeit der für eine solche Volkswirtschaft gültigen Wirtschaftspolitik erfordert eine voll funktionsfähige einheitliche Verwaltungsmacht mit vorbehaltloser Zuständigkeit für sämtliche wirtschaftlichen Angelegenheiten, ausgeübt von den verfassungsmäßig bestellten Organen des Landes.
3. Eine moderne arbeitsteilige Volkswirtschaft bedarf vielseitiger Produktionsgrundlagen. Produktionsverbote (außer solchen, die die Herstellung von Kriegswerkzeugen zu verhindern bestimmt sind) und industrielle Kapazitätsbeschränkungen hemmen den wirtschaftlichen Wiederaufbau aufs schwerste.
4. Weitere Substanz- und Anlagenzerstörungen im Bereiche der deutschen Volkswirtschaft durch Demontagen und Leistungsanforderungen, die nur aus der Substanz befriedigt werden können, sowie Reparationsanforderungen, die die wirtschaftliche Leistungsfähigkeit Deutschlands noch weiter hinabdrücken, haben keine andere Wirkung, als die nicht nur im deutschen, sondern auch im Interesse Europas so dringend notwendige Entfaltung der deutschen Produktivkräfte hinauszuzögern, zu beschränken und schließlich ganz zu unterbinden.
5. Weniger als andere Länder Europas ist Deutschland in der Lage, seine Wirtschaft ohne die Mitwirkung des Auslandes in Ordnung zu bringen, da es auf unentbehrliche Zufuhren von Nahrungsmitteln und Rohstoffen angewiesen ist. Die notwendige Versorgung Deutschlands mit diesen für seinen Wiederaufbau erforderlichen Gütern sollte aber schnellstens auf rein wirtschaftliche Basis gestellt, d. h. es sollte ihm die Möglichkeit gegeben werden, im Auslande Wirtschaftskredite aufzunehmen und mit anderen Ländern wieder in normale Handelsbeziehungen zu treten.
6. Die Wiederherstellung eines geordneten Geldwesens ist für alle Wirtschaftsordnungen gleich bedeutsam und dringend erforderlich.

Die Bereitschaft und Initiative auf deutscher Seite zur vollen Entfaltung der dem deutschen Volke noch zur Verfügung stehenden

wirtschaftlichen Kräfte werden sofort in volle Erscheinung treten, sobald die genannten Voraussetzungen erfüllt sind. Für eine erfolgversprechende wirtschaftliche Aufbaupolitik muß, fern von allen parteipolitischen, ideologischen und Interessenbestrebungen, als einzige Richtschnur gelten, die vorhandenen Produktivkräfte zur umfassendsten Entfaltung und zum höchstmöglichen Wirkungsgrad zu bringen."

Nachdem alsdann Herr *Rittershausen* sowohl in seiner Eigenschaft als Vertreter der bizonalen Wirtschaftsverwaltung als auch im Namen der versammelten Fachkollegen der Freude über diesen ersten Versuch, die sozial- und wirtschaftswissenschaftlichen Hochschullehrer wieder in persönlichen Kontakt und damit zur unmittelbaren persönlichen Aussprache über die sie bewegenden Probleme zu bringen, und über die durch den Beschluß der Vereinsgründung in sichere Aussicht gestellte regelmäßige Wiederholung solcher Zusammenkünfte Ausdruck verliehen und Herrn *Albrecht* für die von ihm hierzu ergriffene Initiative den Dank der Tagungsteilnehmer ausgesprochen hatte, schloß dieser die Tagung mit der Versicherung, den ihm erteilten Auftrag nach besten Kräften zu erfüllen.

* * *

Die vorgeschriebene Anmeldung der Vereinsgründung erforderte die Benennung eines dreiköpfigen Vorstandes und die Vorlage von Vereinssatzungen. Zu der hierfür notwendigen Wahl und Beratung lud der vorläufige Vorsitzende die folgenden Kollegen, durch die die verschiedenen Altersgruppen und die drei westlichen Besatzungszonen sowie Berlin vertreten waren, zu einer von Herrn *Sauermann* vorbereiteten Sitzung ein, die am 8. April 1948 im Gästehaus der Stadt Frankfurt in Schönberg/Taunus, stattfand: *Arndt*/Marburg, *Böhm*, Frankfurt, *Brinkmann*/Tübingen, *Eckert*/Worms, *Gutenberg*/Frankfurt, *Gerloff*/Frankfurt, *Jahn*/Berlin, *Miksch*/Frankfurt, *Napp-Zinn*, Mainz, *Rittig*/Göttingen, *Sauermann*/Frankfurt, *Schachtschabel*/Marburg, *Weddigen*/Nürnberg, *Wessels*/Köln.

Der in Anlehnung an die Statuten des Vereins für Sozialpolitik ausgearbeitete Satzungsentwurf wurde beraten und mit verschiedenen Abänderungen angenommen. Die Entscheidung über den Vereinsnamen wurde der ersten für den Herbst beschlossenen Mitgliederversammlung vorbehalten. Der Vorstand wurde aber ermächtigt, den Verein vorläufig als Verein für Sozialpolitik anzumelden.

Zu vorläufigen Vorstandsmitgliedern wurden die Herren *Albrecht, Brinkmann, Gerloff* gewählt.

Die Genehmigung der Vereinsgründung erfolgte durch Beschluß des Kulturausschusses der Stadt Marburg/Lahn am 16. Juli 1948.

II.

Sanierung der deutschen Wirtschaft
Grundsätze eines wirtschaftspolitischen Sofortprogrammes

Marburg, Ende Dezember 1947

Die unterzeichneten deutschen Hochschullehrer der Sozialökonomie haben sich, bedrängt vom Ernst der Lage und im Wissen um die Notwendigkeit baldiger Lösung schwierigster wirtschaftspolitischer Probleme, zusammengefunden, um zu den dringendsten Fragen des Wiederaufbaues der deutschen Wirtschaft grundsätzlich Stellung zu nehmen. Die Unterzeichneten billigen den wesentlichen Inhalt der nachfolgenden Leitsätze, ohne sich an die einzelnen Formulierungen gebunden zu fühlen. Sie erachten eine einheitliche, grundsätzliche Äußerung zu den der Wirtschaftspolitik gestellten Aufgaben für so vordringlich, daß vergleichsweise untergeordnete Meinungsverschiedenheiten ihrer Ansicht nach zunächst zurückgestellt werden können. Die Unterzeichneten wenden sich mit den nachfolgenden Thesen an die berufenen Gestalter der heutigen Wirtschaftspolitik, um insbesondere auf einige wichtige Punkte wenigstens kurz hinzuweisen, die in den ihnen bisher bekannt gewordenen einschlägigen Gutachten und in der öffentlichen Diskussion nicht genügend berücksichtigt worden sind und der Klärung durch sorgfältige Gutachterarbeit bedürfen.

I. Die Lage

1. Der politische und militärische Zusammenbruch hat einen katastrophalen und nachgerade unaufhaltsam erscheinenden Verfall der deutschen Wirtschaftskraft hervorgerufen. Er geht weit über das Maß hinaus, das durch die unmittelbaren Kriegsfolgen und Reparationsforderungen bedingt ist.

2. Dieses Geschehen ist weder auf die im Ausland oft beklagte Lethargie Deutschlands, noch auf ein Versagen der deutschen Behörden, noch auf ein unsoziales Verhalten der deutschen Landwirte und Gewerbetreibenden zurückzuführen. Entscheidend ist vielmehr neben den bekannten politischen Verhältnissen der Umstand, daß die Verzögerung der längst überfälligen Währungssanierung dazu gezwungen hat, die durch den Preisstop von 1936 eingeleitete Politik einer unorganischen Verkopplung von inflatorischer Kreditschöpfung und Befehlswirtschaft fortzuführen. Ein chaotisches Gegeneinanderwirken der Kräfte privater Wirtschaftsinitiative und zentraler Wirt-

schaftsverwaltung war die unvermeidliche Folge. Es findet seinen Ausdruck in einer zunehmenden Ausdehnung der schwarzen Märkte und des Naturaltausches sowie in einer unübersehbaren Komplizierung der ständig an Wirksamkeit verlierenden bürokratischen Lenkungsmethoden. Die bei alledem sich ergebende Schrumpfung des legalen Güterangebotes hat die Leistungsfähigkeit weiter Bevölkerungsschichten in besorgniserregender Weise herabgemindert. Dadurch ist ein Prozeß fortschreitender Wirtschaftsauszehrung eingeleitet worden, an dessen schon absehbar gewordenem furchtbaren Ende der Hungertod von zahllosen Menschen steht.

3. Unter diesen Umständen sieht sich ein großer Teil der deutschen Familienväter vor die Alternative gestellt, entweder dem Untergang ihrer Angehörigen untätig zuzusehen, oder aber den notwendigen Unterhalt außerhalb jener geltenden Gesetze zu suchen, die dem einzelnen die Erfüllung seiner natürlichen Pflichten durch Selbsthilfe verbieten.

4. Die deutschen Behörden haben kaum noch Möglichkeiten, die Bevölkerung zur Beachtung eines widersinnigen Wirtschaftsrechtes zu zwingen. Das riesige Heer der Beamten und Angestellten, dessen sich die bestehende Befehlswirtschaft wohl oder übel bedienen muß, ist selbst so sehr in die große allgemeine Not einbezogen, daß es — dem Druck unerhörter Versuchungen zur Begünstigung illegalen Wirtschaftens ausgesetzt — je länger desto weniger fähig ist, seinen Obliegenheiten gerecht zu werden. Das Ergebnis ist ein Zustand, der in höchstem Maße unsozial ist und den Namen einer Wirtschaftsordnung überhaupt nicht mehr verdient. Seine bloße Preisgabe ohne durchgreifende Neuordnung des Wirtschaftsablaufes wiederum würde nicht weniger bedeuten, als die Kapitulation des Staates vor dem Wirtschaftschaos.

5. Wenn man an den derzeitigen Methoden einer sogenannten Wirtschaftslenkung festhält, kann an die Wiederaufrichtung eines geordneten Wirtschaftslebens überhaupt nicht mehr gedacht werden. Aus eigener Kraft der deutschen Wirtschaft allein wird ein Ausweg nicht mehr zu erschließen sein. Selbst die großzügigsten charitativen Hilfeleistungen des Auslandes könnten, so dankenswert sie auch sind, bei Fortdauer einer die eigenen Leistungen der deutschen Wirtschaft hemmenden Politik, den schlimmen Lauf der Dinge nicht mehr abwenden. Die im Rahmen des Marshall-Planes vorgesehenen, dringend benötigten Dollarkredite können erst nach durchgreifender Neuordnung der Wirtschaft in geeigneten Formen angeboten und verwendet werden. Erst dann wird die deutsche Wirtschaft nach einer gewissen Übergangszeit instandgesetzt sein, die als Aufbauhilfe vom Ausland gelieferten Güter und Dienstleistungen durch eigene

Exporte zu bezahlen. Würde man aus allgemeinen politischen Erwägungen heraus verkennen, daß die Erhaltung der europäischen Wirtschaft die alsbaldige Wiederbelebung der bereits in Agonie verfallenden deutschen Wirtschaft zur Voraussetzung hat, so würden letzte Gelegenheiten zur Abwendung unerhörter allgemeiner Not endgültig verpaßt sein. Der Wille der deutschen Bevölkerung zur friedlichen Eingliederung in eine europäische Völkerfamilie und ihre Bereitschaft zur Leistung von besonderen Beiträgen zum Wiederaufbau Europas auf Kosten eigener Lebenshaltungsmöglichkeiten wird um so besser gewährleistet sein, je eher anerkannt wird, daß man auch hier leben lassen muß, um selbst leben zu können.

II. Ordnung der Wirtschaft

1. Die Verfechter zentraler Wirtschaftslenkung denken wie die Befürworter einer Wettbewerbsordnung — jenseits aller strittigen Probleme sozialen Gesellschaftsaufbaues — an die bestmögliche Entfaltung eingesetzter Wirtschaftskräfte zu höchstem gesamtwirtschaftlichen Ertrag. Die Not der Stunde gebietet darum die Zurückstellung eines unfruchtbaren Dogmenstreites hinter der Frage nach einer neuartigen Verbindung von Wettbewerbsordnung und staatlicher Lenkung.

2. An eine Rückkehr zur staatsfreien Wirtschaft des 19. Jahrhunderts ist keinesfalls zu denken. Sie hat den angestrebten Leistungswettbewerb nicht zu erhalten und eine befriedigende Sozialordnung nicht zu verwirklichen vermocht, vielmehr hat sie auf zahlreichen Gebieten zur Entstehung wirtschaftlicher und sozialer Machtpositionen geführt. Es steht demnach außer Zweifel, daß es mannigfacher Ordnungsmaßnahmen bedarf, die von einer zentralen, allen Wirtschaftsinteressenten gegenüber unabhängigen Stelle aus geplant und durchgeführt werden müssen. Notwendig ist indessen eine Rücksichtnahme auf die Tatsache, daß an eine Wiederbelebung und Erhaltung privater Wirtschaftsinitiative, ohne die ein wirklicher Wiederaufbau nicht gelingen kann, nur zu denken ist, wenn ihr ein klar abgegrenzter Bewegungsspielraum belassen und ihr die Möglichkeit geboten wird, sich in diesen ihr freigegebenen Bezirken an marktlich gebildeten Preis-Kosten-Relationen auszurichten. Die heute herrschende Wirtschaftsunordnung ist in erster Linie auf die Verkennung und Vernachlässigung dieser Zusammenhänge, auf ein Verfälschen des Kompasses der privaten — zugleich geforderten und verhinderten — Wirtschaftsdispositionen zurückzuführen. Innerhalb desjenigen Wirtschaftsbereiches, der einem marktlichen Ablauf überlassen ist, müssen die von der zentralen Stelle angewendeten Steuerungsmethoden marktgemäß sein.

3. Aus dieser Grundbedingung sind insonderheit folgende Konsequenzen zu ziehen:

a) In den marktgemäß zu ordnenden Wirtschaftsausschnitten muß volle Rechtssicherheit bestehen, vor allem ist die eindeutige Bestimmung der Verfügungsrechte des Eigentümers auch gegenüber nichtdeutschen Stellen unerläßlich. Dabei ist sowohl an die Verfügung des Menschen über seine Arbeitsleistung wie an die Verfügung über Besitz und Einkommen zu denken.

b) Die gesamtwirtschaftliche Ausrichtung der einzelwirtschaftlichen Leistungen ist nicht durch Befehle anzustreben, die dem Einzelinteresse bei bestehenden Marktbedingungen zuwiderlaufen, vielmehr gilt es, diese Marktbedingungen so zu beeinflussen, daß die Wirtschaftssubjekte in Verfolgung eigenbestimmter Ziele das gesamtheitlich Gewollte tun. Diesem Verfahren der Wirtschaftslenkung sind Realisierungsmöglichkeiten geboten.

c) Die notwendige Erhaltung des Leistungswillens setzt weiter voraus, daß das Wirtschaftsrecht jedem Wirtschaftssubjekt jenes Maß von Bewegungsfreiheit zubilligt, dessen es bedarf, um die im Rahmen der Wirtschaftsordnung von ihm zu fällenden Entscheidungen in eigener Verantwortung treffen zu können. Die unerläßliche Sicherung sozialer Ansprüche der Arbeiterschaft muß und kann mit diesem Grundsatz vereinbart werden.

d) Da der Wiederaufbau äußerste Anspannung aller persönlichen Kräfte verlangt, muß das Interesse an Mehrleistung in jeder erdenklichen Situation dadurch gefördert werden, daß die Erzielung entsprechender Mehrerträge ermöglicht wird. Diesem Erfordernis kann in erster Linie durch eine umfassende Finanz- und Steuerreform Rechnung getragen werden.

e) Die nun schon über ein Jahrzehnt erstreckte fortschreitende Zerstörung der Grundlagen marktlicher Wirtschaftsordnung macht ihren Neubau vom Fundament aus notwendig. Er ist nur in sehr begrenztem Umfang mit dem Festhalten an zwangswirtschaftlichen Bindungen vereinbar, verlangt indessen in manchen Wirtschaftsausschnitten eine planmäßige Organisation von Märkten, die sich „von selbst" zu langsam oder unzureichend bilden würden.

f) Der erste Schritt auf dem Wege zu geordneten Marktbedingungen ist in der Wiederherstellung n o r m a l e r Währungsverhältnisse durch Abschöpfung des sogenannten Geldüberhanges zu sehen. Nachhaltigen Erfolg wird eine solche Neuordnung der Währung selbst bei Anwendung bester Verfahrensweisen nur haben, wenn eine systematische — an den hier entwickelten Grundsätzen ausgerichtete — Umgestaltung der gesamten Wirtschaftspolitik mit ihr verbunden wird. Diese wiederum kann nur aus zentraler und eigenverantwortlicher deutscher Wirtschaftsführung erwachsen.

III. Die dringendsten Maßnahmen

1. Die Währungssanierung wird die heute noch durch den Währungszerfall verschleierte Verarmung der deutschen Wirtschaft in vollem Ausmaße aufdecken und aus mancherlei Gründen sehr schwierige Situationen entstehen lassen. In erster Linie gilt es, der Auslösung neuerlicher Tendenzen zur Geldwertänderung (Inflation wie Deflation) vorzubeugen. Diese Aufgabe wird außerordentlich dadurch erschwert, daß jeder zuverlässige Maßstab für die richtige Festsetzung des notwendigen Abschöpfungsgrades fehlt. Da eine ausgesprochene Geldkrise unter allen Umständen verhindert werden muß, bleibt keine andere Wahl als die, sich entweder auf eine sicher zu laxe Abschöpfung zu beschränken, die einen noch zuverlässig begrenzbaren Preisauftrieb bei notwendig stark aufgelockerter Wirtschaftsbindung nach sich zieht, oder aber bei Entscheidung für scharfe Geldzusammenlegung sogleich anschließend eine sinnvol geordnete Wiederauffüllung des Zahlungsmittelumlaufes stattfinden zu lassen. Die Entscheidung dieser Alternative verlangt subtile wirtschafts- und sozialpolitische Erwägungen, die in den einstweilen bekannt gewordenen Währungsplänen zu vermissen sind. Auf die zentrale Bedeutung der hier angeschnittenen Probleme soll deshalb mit besonderem Nachdruck aufmerksam gemacht werden.

2. Umstellungen der Wirtschaft sind in gewissem Umfang eine unvermeidliche Folge von Währungssanierungen. Diese Störungen des Wirtschaftsablaufes müssen angesichts der außerordentlichen Schwächung der deutschen Wirtschaftskraft in engstmöglichen Grenzen gehalten werden, da sonst neue Existenzgefährdungen heraufbeschworen werden würden. Die heiklen Probleme dieser Wirtschaftsumstellungen werden — ohne daß eine Vertagung ihrer Lösung auch nur erwogen werden dürfte — durch außergewöhnliche Ungunst natürlicher Wirtschaftsbedingungen noch weiter erschwert. Die Dürre dieses Jahres wird die Ablieferungen der deutschen Landwirtschaft, selbst nach voller Wiederherstellung ihrer Ablieferungsbereitschaft, unzulänglich werden lassen, während gleichzeitig die Deckung des Ernährungsdefizites, soweit sie mit der englischen Zahlungsbilanz verkoppelt ist, in Frage gestellt erscheint. Die Abschöpfung des Geldüberhanges kann an sich nur den jetzt weithin fehlenden Leistungswillen durch Leistungszwang neu herausfordern. Die ebenso wichtige Erhöhung der individuellen Leistungsfähigkeit setzt die Sicherung wenigstens des notwendigsten Lebensunterhaltes und die schnelle Hebung des Lebensstandards auf ein ausreichendes Niveau voraus.

3. Da die Steigerung der landwirtschaftlichen Erträge entscheidend von der erhöhten Bereitstellung landwirtschaftlicher Produktionsmittel abhängig ist, wird die gesonderte Zufuhr ausländischen Kredits für diese Zwecke — noch vor dem Ingangkommen der entsprechenden deutschen Industrien — durch geeignete Maßnahmen anzubahnen sein. Das ist um so notwendiger, weil die Landwirtschaft — bei Durchführung der Währungssanierung n a c h der Ernteablieferung — in besonders empfindlicher Weise von der mit einer Geldabschöpfung zwangsläufig verbundenen Dezimierung ihrer liquiden Betriebsmittel getroffen werden wird.

4. Die an dieser Stelle sehr deutlich hervorgetretene Notwendigkeit einer Wiedereingliederung der deutschen Wirtschaft in die Weltwirtschaft ist ganz allgemein als eine der allerwichtigsten Voraussetzungen des wirtschaftlichen Wiederaufbaues anzuerkennen. Die innere Währungsordnung wird deshalb unbedingt mit einer gleichzeitigen Wiederanbahnung marktwirtschaftlicher Außenhandels- und Auslandskreditbeziehungen verbunden werden müssen. Das kann nur geschehen, wenn auch hier durch geeignete marktorganisatorische Maßnahmen schnellstens die Wiederanknüpfung privater internationaler Wirtschaftsbeziehungen ermöglicht wird. Dabei müssen insbesondere auch dem Ausland s t a b i l e Rechnungsgrundlagen für kaufmännische Dispositionen gegeben werden. Das kann dadurch geschehen, daß die Einspielung von festen Valutarelationen durch vorübergehende Zwischenschaltung eines Systems von Einfuhrscheinen auf den Binnenmarkt verlegt wird.

5. Im industriellen Sektor wird das Aufkommen von Massenarbeitslosigkeit mit allen geeigneten Mitteln hintanzuhalten sein. Die nach der großen Krise von 1931 bestehenden leichten Möglichkeiten der Wiederbelebung des Wirtschaftsprozesses durch Kreditschöpfung werden bei den heute gegebenen um vieles ungünstigeren Bedingungen nur in beschränktem Umfange geboten sein. Eine Anpassung des Gesamtgeldeinkommens der Wirtschaftler an das im Vergleich zum Stichjahr des Lohnstops stark verkleinerte Sozialprodukt ist die aus dieser Sachlage notwendig zu ziehende Konsequenz. Ihre Verkennung würde neues und verschlimmertes Elend in die Reihen gerade auch der breiten Massen der Bevölkerung hineintragen. Es ist deshalb zu überlegen, mit welchen Mitteln der Arbeiterschaft der höchstmögliche Anteil am Sozialprodukt zugeführt werden kann, ohne daß es zu einer Wiederholung jener chronischen Massennot kommt, die seinerzeit dem Nationalsozialismus den Weg zur politischen Macht geebnet hat.

6. Optimaler Arbeitseinsatz verlangt entsprechende Bereitstellung von Geldkapitalien, die bei zunächst nur begrenzten Kreditschöp-

fungsmöglichkeiten im wesentlichen aus der Bildung von Amortisationsquoten und aus Ersparnissen erfolgen muß. Der vielberufene, zu Unrecht meist als Aktivposten künftiger Wirtschaftsentwicklung angesehene, sogenannte aufgestaute Bedarf wird die Sparbereitschaft nur sehr gering sein lassen. Es wird deshalb auf geeignete Vorkehrungen zur Förderung der Sparkapitalbildung Bedacht zu nehmen sein. Ob dabei auf irgendwelche Formen des Zwangssparens zurückgegriffen werden muß, ist eine im voraus schwer zu beurteilende Tatfrage. Wesentliches zur Erhöhung der Sparmöglichkeiten wird durch Steuerreformen, insbesondere durch einen auch aus anderen Gründen unerläßlichen Abbau der Einkommensteuerprogression zu bewirken sein.

7. Die in jedem Falle sehr große Geldkapitalnot würde nach der Geldabschöpfung alsbald zur übermäßigen Mobilisierung langfristiger Einlagen bei den Kreditinstituten herausfordern mit dem Ergebnis der Auslösung einer unkontrollierbaren Erhöhung des Geldumlaufes. Ihr muß durch rigorose Sperrung aller Kreditoren gesteuert werden. Nur dort, wo sonst unabweisbare, den öffentlichen Kassen zur Last fallende soziale Nothilfen erforderlich werden würden, die auf keine Weise aus regulären Steuereinnahmen gedeckt werden können, werden Ausnahmen von der Regel der Guthabensperrung gemacht werden dürfen.

8. Mit der Guthabensperre ist das zur Sicherung des Erfolgs der Geldabschöpfung Notwendige getan. Erst wenn eine Konsolidierung der durch die Währungssanierung erzwungenen Wertverschiebungen erfolgt ist, kann an eine Bereinigung der langfristigen Schuldverhältnisse herangetreten werden. Sie muß erfolgen, nachdem ein großer Teil der bei ihrer Begründung erworbenen oder mit ihrer Hilfe geschaffenen realen Vermögenswerte durch direkte und indirekte Kriegseinwirkungen vernichtet worden ist. Bei ihrem unter amtliche Kontrolle zu stellenden Vollzug muß die individuelle Wirtschaftslage der Kreditinstitute und Versicherungsgesellschaften wie auch aller privater Schuldner berücksicht werden, wenn man unnötige Zusammenbrüche von Unternehmungen, die ein schematisches Vorgehen mit sich brächte, hintanhalten will. Alle Schulden politischer Körperschaften, deren wirtschaftlicher Gegenposten in unwirtschaftlicher Rüstungsproduktion bestand, müssen annulliert werden.

9. Erst nach Abschluß dieser Bereinigung der Schuldverhältnisse wird mit einiger Aussicht auf Erfolg an die bereits im Zusammenhang mit der Währungssanierung gesetzlich zu fixierende Regelung des sogenannten „Lastenausgleiches" oder „Kriegsschädenausgleiches" herangetreten werden können. Die durch die Geldabschöp-

fung und die Bereinigung der Schuldverhältnisse entstehenden — genauer gesagt: endgültig verteilten Verluste müssen in ihn einbezogen werden. Der moralische Anspruch der einseitig von Kriegseinwirkungen Betroffenen auf Entschädigungen zu Lasten der vergleichsweise Begünstigten kann unmöglich bestritten werden. Es wäre aber verantwortungslos, wollte man verhehlen, daß die Meisterung der damit gestellten gewaltigen Aufgaben auch bei ernstestem Bemühen nur unvollkommen möglich sein wird: einmal weil die Feststellung der tatsächlich erlittenen Verluste nur in beschränktem Umfange gelingen kann, sodann, weil es sich um eine Vermögensumschichtung größten Ausmaßes handelt, die selbst bei Aufgebot bestdurchdachter Mittel nicht ohne empfindliche Neubelastung und Gefährdung des Wirtschaftsprozesses zu vollziehen ist.

Die unterzeichneten Hochschullehrer sind davon überzeugt, daß eine in der hier gewiesenen Richtung geführte Wirtschaftspolitik den drohenden Zusammenbruch der Wirtschaft abzuwenden vermag. Ihre weitere gedankliche Vorbereitung erfordert enge Zusammenarbeit berufener Wirtschaftspolitiker mit Vertretern wirklichkeitsnaher Wirtschaftstheorie in sachdienlich abgegrenzten kleineren Arbeitsgemeinschaften.

Albrecht/Marburg, *Anderson*/München, *Andreae*/Gießen, *Arndt*/Marburg, *Auler*/Gießen, *Bauer*/Freiburg i. Br., *v. Beckerath*/Bonn, *Berkenkopf*/Köln, *Beste*/Köln, *Böhm*/Frankfurt, *Brinkmann*/Tübingen, *Deite*/Berlin, *v. Dietze*/Freiburg i. Br., *v. Eckardt*/Heidelberg, *Ellinghaus*/Stuttgart, *Eucken,* Freiburg i. Br., *Gehlhoff*/Braunschweig, *Herzog*/z. Z. Eschau, *Hoffmann*/Münster, *Jahn*/Berlin, *Jungfer*/Nürnberg, *Kromphardt*/Hannover, *Kruse*/München, *Lampe*/Freiburg i. Br., *Laum,* Marburg, *Liefmann-Keil*/Freiburg i. Br., *Lütge*/München, *K. F. Maier,* Freiburg i. Br., *Meinhold*/München, *Fr. Meyer*/Kiel, *Miksch*/Frankfurt, *Müller-Armack*/Münster i. W., *Napp-Zinn*/Mainz, *Pfister*/Hamburg, *Preiser*/Heidelberg, *Rittershausen*/Frankfurt–Minden, *Schachtschabel*/Marburg, *Schmitt*/Münster, *Schneider*/Kiel, *Seraphim*/Münster, *Schmölders*/Köln, *Teschemacher*/Tübingen, *Weber*/München, *Weddigen*/Nürnberg, *Wessels*/Köln, *v. Wiese*/Köln, *Zimmermann*/Hamburg, *v. Zwiedineck*/München.

III.

Liste der Teilnehmer an der Abendsitzung des 27. September 1947 in Rothenburg ob der Tauber [1])

Abel, Univ. Göttingen, *Albrecht*, Univ. Marburg/Lahn, *Anderson*, Univ. München, *Arndt*, Univ. Marburg/Lahn, *Brinkmann*, Univ. Tübingen, *Carell*, Univ. Würzburg, *Eckert*, Univ. Köln–Mainz, *Egner*, Univ. Göttingen, *Ellinghaus*, Techn. Hochsch. Stuttgart, *Fricke*, Techn. Hochsch. Karlsruhe, *Herzog*, Univ. Frankfurt, *Hoffmann*, Univ. Münster, *Jahn*, Techn. Univ. Berlin, *Kühn*, Techn. Univ. Berlin, *Kromphardt*, Techn. Hochsch. Hannover, *Kruse*, Univ. München, *Lenschow*, Univ. Kiel, *Charlotte Lorenz*, Univ. Göttingen, *Lütge*, Univ. München, *Mackenroth*, Univ. Kiel, *Meinhold*, Univ. München, *Meinzolt*, Kultusministerium München, *Miksch*, Verwaltung für Wirtschaft, Minden, *Montaner*, Univ. Mainz, *Müller-Armack*, Univ. Münster, *Napp-Zinn*, Univ. Mainz, *Neuling*, Univ. Hamburg, *Ortlieb*, Univ. Hamburg, *Preiser*, Univ. Heidelberg, *Reigrotzki*, Marburg/Lahn, *Ritschl*, Univ. Hamburg, *Rittershausen*, Verwaltung für Wirtschaft, Minden, *Rittig*, Univ. Göttingen, *Röper*, Univ. Hamburg, *Sauermann*, Univ. Frankfurt, *Schachtschabel*, Univ. Marburg/Lahn, *Schiller*, Univ. Hamburg, *Schmitt*, Univ. Münster, *Schneider*, Univ. Kiel, *Siefkes*, Reichsbankleitstelle Hamburg, *v. Sivers*, Techn. Hochsch. Stuttgart, *Sultan*, Univ. Heidelberg, *Taeuber*, Univ. Würzburg, *Voigt*, Univ. Erlangen, *Waffenschmidt*, Univ. Heidelberg-Mannheim, *Weddigen*, Hochschule für Wirtschafts- und Sozialwissenschaften Nürnberg, *Welter*, Univ. Frankfurt, *Wessels*, Univ. Köln, *v. Zwiedineck-Südenhorst*, Univ. München.

---

[1]) Siehe zu dieser Liste, die erst am folgenden Tage durch persönliche Eintragung der in ihr Aufgeführten zustande kam, die im Text S. 120 zu ihr gemachten Bemerkungen.

IV.
Satzung des Vereins für Sozialpolitik – Gesellschaft für Wirtschafts- und Sozialwissenschaften

§ 1.
Der Verein bezweckt die wissenschaftliche Erörterung wirtschafts- und sozialwissenschaftlicher sowie wirtschafts- und sozialpolitischer Probleme in Wort und Schrift, ferner die Klärung von Fach- und Studienfragen der Volks- und Betriebswirtschaftslehre und die Berufsvertretung ihrer Hochschullehrer. Er setzt sich ferner die Pflege der Beziehungen zur Fachwissenschaft des Auslandes zum Ziele.

§ 2.
Der Sitz des Vereins ist am Ort der Geschäftsführung.

§ 3.
Das Geschäftsjahr läuft vom 1. April jedes Jahres bis zum 31. März des darauf folgenden.

§ 4.
Die Mitgliedschaft steht jedem wirtschafts- und sozialwissenschaftlichen Hochschullehrer offen. Der Beitritt erfolgt durch Mitteilung an den Vorstand unter Verpflichtung zur Zahlung des Mitgliedsbeitrages.
Über die Aufnahme anderer Einzelpersonen und von Körperschaften, die zur Mitarbeit an den Aufgaben des Vereins gewillt und berufen sind, entscheidet der Vorstand.

§ 5.
Die Haftung der Mitglieder für Vereinsschulden beschränkt sich auf das Vereinsvermögen. Der Vorstand muß bei Eingehen von Verpflichtungen für den Verein die Haftung der Mitglieder auf das Vermögen des Vereins beschränken.

§ 6.
Die Organe des Vereins sind:
1. Die Mitgliederversammlung,
2. der Vorstand,
3. die Ausschüsse.

§ 7.
Die Mitgliederversammlung besteht aus den Mitgliedern. Jedes Mitglied (einschließlich der korporativen) hat in ihr eine Stimme. Sie tritt in der Regel alle zwei Jahre zusammen und ist von dem Vorsitzenden unter Übersendung einer Tagesordnung möglichst mit einer Frist von vier Wochen einzuberufen.

Der Beschlußfassung der Mitgliederversammlung unterliegen die Wahl des Vorstandes, die Festsetzung des Mitgliedsbeitrages, die Genehmigung des Geschäftsberichtes, die Entlastung des Schatzmeisters, Satzungsänderungen und die Auflösung des Vereins. Für Beschlüsse der Mitgliederversammlung ist erforderlich, daß mehr als die Hälfte der erschienenen Mitglieder zustimmt. Erhält bei Vorstandswahlen kein Wahlvorschlag die Mehrheit der Stimmen, so ist eine zweite Wahl vorzunehmen; bei ihr ist gewählt, wer die meisten der von den erschienenen Mitgliedern abgegebenen Stimmen erhält.

§ 8.
Den alle zwei Jahre zu wählenden engeren Vorstand bilden der Vorsitzende, sein Stellvertreter, der Schriftführer und der Schatzmeister. Der Vorsitzende und sein Stellvertreter müssen Hochschullehrer sein. Der erweiterte Vorstand besteht aus dem engeren Vorstand, neun Mitgliedern und den Vorsitzenden der jeweils bestehenden Ausschüsse. Von den neun weiteren Mitgliedern ist jeweils ein Drittel in der ordentlichen Mitgliederversammlung neu zu wählen.

§ 9.
Der engere Vorstand leitet den Verein nach den Beschlüssen der Mitgliederversammlung. Der Schatzmeister hat nach Schluß jedes Geschäftsjahres dem erweiterten Vorstand einen Kassenabschluß vorzulegen. Die Kasse und der Rechnungsabschluß sind durch zwei von der Mitgliederversammlung auf zwei Jahre gewählte Mitglieder zu prüfen.

Der erweiterte Vorstand beschließt über
    a) Ort und Zeit der Mitgliederversammlungen und Veranstaltungen,
    b) die Bestimmung der auf den Tagungen zur Erörterung kommenden Fragen,
    c) die Veranstaltung von Untersuchungen und ihre Veröffentlichung,
    d) die Leitung der wissenschaftlichen Tagungen,
    e) alle weiteren Angelegenheiten, die durch Beschluß des engeren Vorstandes an ihn verwiesen werden.

§ 10.
Zur Vertretung des Vereins bei Abgabe von Willenserklärungen und in Prozessen ist die Mitwirkung des Vorsitzenden oder seines Stellvertreters und eines zweiter Vorstandsmitgliedes erforderlich und ausreichend.

§ 11.
Für die Durchführung besonderer Arbeiten oder die dauernde Pflege besonderer wissenschaftlicher Gebiete kann der Vorstand Aus-

schüsse bilden. Diese wählen ihren Vorsitzenden selbst. Fach- und Studienfragen behandelt ein ständiger Ausschuß, der aus den volks- und betriebswirtschaftlichen Hochschullehrern besteht.

§ 12.

Der Verein veranstaltet in der Regel alle zwei Jahre im Anschluß an die Mitgliederversammlung wissenschaftliche Tagungen und nach Bedarf Ausschußsitzungen.

§ 13.

In allen Versammlungen des Vereins und seiner Organe wird nur über Vereinsangelegenheiten, in Ausschußsitzungen zur Bearbeitung von Fach- und Studienfragen nur über diese, in keinem Fall über Thesen wissenschaftlichen oder politischen Inhalts Beschluß gefaßt.

§ 14.

Der von der Mitgliederversammlung festgesetzte Beitrag ist innerhalb vier Wochen nach Zahlungsaufforderung an den Schatzmeister zu entrichten, widrigenfalls er durch Postauftrag eingezogen wird. Der Vorstand ist berechtigt, außerdem durch Umlagen bis zur Höhe des Jahresbeitrages von den Mitgliedern die Mittel für die Vereinskasse zu erheben, die über die regelmäßigen und sonstigen Einnahmen hinaus zur Deckung der in ordnungsmäßiger Erfüllung der Aufgaben des Vereins entstandenen Verpflichtungen erforderlich sind. Die Erhebung erfolgt in der gleichen Weise wie bei den Beiträgen. Ebenso kann von den Teilnehmern der Vereinstagungen ein besonderer Beitrag zur Bestreitung der örtlichen Kosten erhoben werden.

Die Mitglieder haben vorzugsweise Anspruch auf den Bezug etwa erscheinender Vereinsschriften.

§ 15

Abänderungen an dieser Satzung können von der Mitgliederversammlung nur auf schriftlichem, dem Vorsitzenden oder Schriftführer vier Wochen vor dem Zusammentreten der Versammlung übergebenen Antrag, der von mindestens zwanzig Mitgliedern unterschrieben sein muß, beschlossen werden. Der Antrag ist allen Mitgliedern mindestens acht Tage vor der Versammlung bekanntzumachen.

§ 16.

Die Bestimmungen des § 15 gelten auch für Anträge auf Auflösung des Vereins. Im Falle der Auflösung ist durch den Beschluß der Mitgliederversammlung das Vermögen des Vereins einem gemeinnützigen Verein zu überweisen, der ähnliche Zwecke verfolgt.

Marburg/Lahn, den 16. September 1948.

Printed by Libri Plureos GmbH
in Hamburg, Germany